巩固脱贫攻坚成果与乡村振兴有效衔接的路径探索

王怡　郭萌　董联◎著

中国纺织出版社有限公司

图书在版编目（CIP）数据

巩固脱贫攻坚成果与乡村振兴有效衔接的路径探索 / 王怡，郭萌，董联著. --北京：中国纺织出版社有限公司，2023.8
　　ISBN 978-7-5229-0856-4

Ⅰ.①巩… Ⅱ.①王… ②郭… ③董… Ⅲ.①扶贫－关系－农村－社会主义建设－研究－中国 Ⅳ.①F126 ②F320.3

中国国家版本馆CIP数据核字（2023）第163288号

责任编辑：郭　婷　韩　阳　　责任校对：高　涵
责任印制：储志伟

中国纺织出版社有限公司出版发行
地址：北京市朝阳区百子湾东里A407号楼　邮政编码：100124
销售电话：010—67004422　传真：010—87155801
http://www.c-textilep.com
中国纺织出版社天猫旗舰店
官方微博 http://weibo.com/2119887771
天津千鹤文化传播有限公司印刷　各地新华书店经销
2023年8月第1版第1次印刷
开本：710×1000　1/16　印张：12.25
字数：200千字　定价：88.00元

凡购本书，如有缺页、倒页、脱页，由本社图书营销中心调换

前言

贫困是困扰人类社会的一个重大问题。国内外学者围绕贫困问题进行了深入研究。2019年阿比吉特·班纳吉（Abhijit Banerjee）、埃丝特·迪弗洛（Esther Duflo）和迈克尔·克雷默（Michael Kremer）三位经济学家，因其"在减轻全球贫困方面的实验性做法"提高了我们应对全球贫困的能力而被授予诺贝尔经济学奖。

党的十八大以来，我国的脱贫攻坚工作取得了决定性成就。我们坚持精准扶贫、尽锐出战，打赢了人类历史上规模最大的脱贫攻坚战，全国八百三十二个贫困县全部摘帽，近一亿农村贫困人口实现脱贫，九百六十多万贫困人口实现易地搬迁，历史性地解决了绝对贫困问题，为全球减贫事业作出了重大贡献。全面建设社会主义现代化国家，最艰巨繁重的任务仍然在农村。巩固拓展脱贫攻坚成果，增强脱贫地区和脱贫群众内生发展动力，实现脱贫效果的可持续性，是要解决的硬任务。曾经的"集中连片特困地区"要素禀赋恶劣、基础设施薄弱、经济社会发展滞后，在新形势下，科学、有效的脱贫成效测评及"阻返"长效机制研究可以为连片特困地区脱贫、振兴、发展提供依据。

本研究遵循"理论—调查—实证—机制设计"的基本框架组织内容，主要内容及结论如下。

第一，在对国内外相关文献述评以及相关理论研究基础上分析"连片贫困"的生成逻辑以及返贫机理。生计资本脆弱、自我发展能力欠缺是连片贫困生成的内在原因，薄弱的资源禀赋与相对封闭的社会环境是连片贫困的外在原因，内因与外因相互交织导致连片贫困地区贫困聚集，贫困人口应对风险能力弱，不断卷入贫困陷阱。实现"阻返"必须内外结合，通过提升贫困人口可行能力，贫困地区可持续发展能力，突破贫困陷阱。

第二，综合评价连片特困地区脱贫成效。包括：①14个连片特困地区贫困广度、深度与强度（H指数、PG指数、SPG指数）的FGT贫困指数测量；②2011年以来动态脱贫成效的量化排序；③贫困程度及发展现状的测评；④引入Fisher最优分割有序聚类的方法，测算连片特困地区贫困大小的临界值，建立贫困程度评价值分类分区。

以此整体与个体、历史与现状相结合，综合评价了连片特困地区脱贫成效：连片特困地区的共性在于贫困的反复性与波动性强、贫困分布与资源贫瘠高度耦合、贫困的脆弱性表现突出；差异性在于14个连片特困地区贫困程度与脱贫成效异化。第一类区域包括大别山区、罗霄山区、武陵山区、南疆三地州，此类贫困程度最轻，居民收支水平、农村基础设施、公共服务也均较好。第二类区域有秦巴山区、大兴安岭南麓山区、滇桂黔石漠化区、燕山—太行山区、六盘山区，此类地区贫困程度较为严重，居民收支水平均较为低下。第三类区域仅包含滇西边境山区，该地区贫困程度严重，农村居民住房和家庭设施较差。第四类区域有乌蒙山区、吕梁山区、西藏部分地区、四省藏区，此类区域贫困程度特别严重，农村基础设施、公共服务也最差。

第三，寻找返贫制约因素以及保证稳定可持续脱贫的政策效应评价。在综合评价连片特困地区脱贫成效的基础上，聚焦秦巴山区样本区进行农户脱贫返贫调查研究与实证检验。建立LV1模型测算样本区近3年脱贫农户的生计资本指数，以此评价贫困户脱贫效果的可持续性。采用多元回归法评价扶贫政策对农户生计资本的影响，以此发现不同类别扶贫举措在阻止返贫，发挥长效作用方面的政策效应。

实证研究发现：①灾害与疾病是返贫的两大重要因素，外出务工家庭的脱贫生计可持续性最强，生计收入类型多样化逐渐成为主流；②认为脱贫帮扶措施对其"帮助很大"的家庭生计脆弱性指数较高，说明脱贫资源配置实现了对困难群体的较好瞄准；③产业扶贫、移民搬迁、就业扶贫、健康扶贫和其他扶贫政策在促进贫困户脱贫生计可持续性方面发挥了良好作用；④加入控制变量之后，教育扶贫政策、危房改造政策未通过显著性检验。推测原因可能在于教育扶贫的时效性和长期性特使其价值具有潜隐性，大多数秦巴山区贫困户在危房改造与移民搬迁政策中，选择了移民搬迁，使得此两项政策不显著。

第四，返贫风险的监测和预警。①结合样本数据特征，引入投影寻踪模型来进行脱贫农户生计脆弱性评价；采用实数编码加速遗传算法对投影寻踪形成的投影函数值进行优化，从而形成实数编码加速遗传算法的投影寻踪模型（RCGA-PP）。②构建了返贫风险监测和预警系统，并进行了返贫风险的四分法警度划分。③利用样本数据，进行了返贫风险的监测及预警测算。分析发现，虽然秦巴山区具有较高的脱贫成效水平，但是存在30%的脱贫户面临较高的返贫风险。优化模型与构建的风险监测和预警系统可以为贫困地区进行返贫风险监测和预警提供参考。

第五，"阻返"长效机制构建。阻止返贫，一方面需要提高脱贫户的生计能力与自我发展能力；另一方面需要建立完善的体制机制来提升扶贫效率，共同应对风险，持续突破贫困陷阱。依据贫困集聚与贫困陷阱理论、个人可行能力理论、人的全面发展理论。遵循"理论依据—制度保障—实现路径"的思路，构建了短期与长期相结合，包含资源配置机制、政策执行机制、主体转变机制、统筹推进机制、模式创新机制等五项子机制的阻止返贫长效机制。以保障生计能力，提升个人可行能力，阻止返贫。

第六，巩固脱贫攻坚成果同乡村振兴有效衔接的实施路径。基于前期调查研究与跟踪评估的分析，结合曾经的欠发达地区特征，提出了探索生态产品价值转换、特色产业带动产业兴旺、推广新型收益分享模式、规划引领因地制宜推进衔接的巩固脱贫攻坚成果同乡村振兴有效衔接的实施路径，最终实现全面可持续发展。

研究依托陕西高校新型智库商洛发展研究院，作者王怡、郭萌、董朕作为陕西高校青年创新团队商洛发展研究创新团队核心成员，长期根植商洛、服务地方，从2016年以来，对陕南地区，尤其是商洛市丹凤县的扶贫脱贫工作进行了持续关注。本研究是教育部人文社会科学研究规划青年基金项目"乡村振兴背景下现代农业产业园演化机理及发展韧性研究"（项目编号：21YJC790023）的中期成果。2019年立项的国家社科基金西部项目"连片特困地区精准扶贫成效评估及'阻返'长效机制研究"（项目编号：19XJL002）为课题研究提供了支持与帮助，也为成果的完成提供了激励与鞭策。商洛市人民政府、商洛市决策咨询委员会、丹凤县农业农村局、丹凤县发改局给予了调研大力支持。中国纺织出版社有限公司的编辑为本书的诞生做了大量细致工作，在此一并表示感谢！

著者

2022年9月

目录

1 绪论 ·· 1
   研究背景与意义 ·· 1

2 国内外研究综述与相关概念界定 ·· 4
   2.1 国内外文献研究综述 ··· 4
   2.2 研究述评 ·· 19
   2.3 相关概念的界定 ··· 20

3 "连片特困"的生成机理 ··· 29
   3.1 相关理论基础 ··· 29
   3.2 致贫因素 ·· 31
   3.3 "连片特困"的生成 ·· 33
   3.4 小结 ·· 38

4 连片贫困地区脱贫机制及成效的描述性评价 ·················· 40
   4.1 反贫困机制演化与成效分析 ·· 40
   4.2 连片贫困地区贫困状况及脱贫情况 ····························· 49
   4.3 连片贫困地区贫困的共性刻画与差异分析 ················· 54
   4.4 脱贫机理分析 ··· 60
   4.5 小结 ·· 62

5 连片特困地区脱贫成效测评与脱贫现实困境 ·················· 64
   5.1 贫困程度测量 ··· 65
   5.2 脱贫动态成效测评 ··· 76

	5.3	脱贫综合成效分析与区域特征聚类	86

    5.4 脱贫现实困境 ··· 98
    5.5 小结 ··· 104

6 基于生计脆弱性的脱贫农户返贫状况调查 ·················· 105
    6.1 样本区脱贫现状梳理 ································· 106
    6.2 脱贫与返贫调查 ····································· 110
    6.3 脱贫效果可持续性的实证分析 ······················· 116
    6.4 扶贫政策对农户脱贫可持续性的影响分析 ············ 121
    6.5 返贫调查结论 ·· 130

7 脱贫户返贫风险监测及预警 ································· 132
    7.1 脱贫户返贫风险评价模型的选择 ···················· 132
    7.2 基于投影寻踪的脱贫农户生计脆弱性评价模型 ······· 136
    7.3 脱贫户返贫风险监测及预警 ·························· 143
    7.4 样本区贫困户返贫风险监测及预警 ·················· 148
    7.5 小结 ··· 152

8 阻止返贫机制构建 ··· 153
    8.1 机制构建框架 ·· 154
    8.2 机制构建内容 ·· 158
    8.3 小结 ··· 166

9 巩固拓展脱贫攻坚成果同乡村振兴有效衔接 ················ 167
    9.1 探索生态产品价值转换 ······························· 167
    9.2 特色产业带动产业兴旺 ······························· 169
    9.3 推广新型收益分享模式 ······························· 170
    9.4 规划引领因地制宜推进衔接 ·························· 172
    9.5 总结与展望 ··· 172

参考文献 ··· 174

1　绪论

研究背景与意义

研究背景

党的十八大以来，我国的反贫困工作取得了决定性成就。1978年至2019年，按现行农村贫困标准以当年价格衡量，40年间累计减贫7.65亿人。2020年的新冠疫情为脱贫工作带来了新的问题与挑战，脱贫工作进入从决定性成就到全面胜利的攻坚阶段。截至2020年3月，全国剩余52个贫困县未摘帽、2707个贫困村未出列。要素禀赋恶劣、基础设施薄弱、经济社会发展滞后的集中连片特困地区，正是"贫中之贫、困中之困，是最难啃的硬骨头"。

党的十九大报告要求，重点攻克深度贫困地区脱贫任务。保证连片特困地区克服新问题与新挑战，保障脱贫质量、巩固脱贫成果、防止脱贫之后再返贫，实现脱贫效果的可持续性，是要解决的硬任务❶。

党的二十大报告提出，我们经过接续奋斗，实现了小康这个中华民族的千年梦想，我国发展站在了更高历史起点上。我们坚持精准扶贫、尽锐出战，打赢了人类历史上规模最大的脱贫攻坚战，全国八百三十二个贫困县全部摘帽，近一亿农村贫困人口实现脱贫，九百六十多万贫困人口实现易地搬迁，历史性地解决了绝对贫困问题，为全球减贫事业作出了重大贡献。全面建设社会主义现代化国家，最艰巨、最繁重的任务仍然在农村。巩固拓展脱贫攻坚成果，增

---

❶ 习近平. 决胜全面建成小康社会　夺取新时代中国特色社会主义伟大胜利[N]. 人民日报, 2017-10-28(001).

强脱贫地区和脱贫群众内生发展动力。❶

在新形势下，科学、有效的脱贫成效测评是保障连片特困地区高质量脱贫的前提。阻返机制需要建立在脱贫成效测评基础之上。连片特困地区脱贫成效测评及"阻返"长效机制研究可以为巩固脱贫成果提供依据，为确立脱贫长效机制提供思路。

秦巴山区是陕西省贫困面积最大、程度最深的地区。除了周至县、太白县外，秦巴山区各区县全部位于陕南，囊括除汉中市汉台区之外的汉中、商洛、安康三市27个区县。

项目研究团队长期生活在商洛，从2016年以来，对陕南地区，尤其是商洛市丹凤县的扶贫脱贫工作进行了持续关注，2019年国家社科基金西部项目"连片特困地区精准扶贫成效评估及'阻返'长效机制研究"的成功立项为课题研究提供了支持与帮助，也为本书的完成提供了激励与鞭策。

研究意义

通过对连片特困地区脱贫成效进行测评，在此基础上，根据新形势、新问题，提出阻返建议，以此对构建连片特困地区脱贫长效机制有着重要的理论意义与实践价值。

理论意义

丰富了减贫发展的经济学视角研究。对于精准脱贫后期政策调整、脱贫成果巩固具有指导意义和借鉴价值。随着脱贫攻坚的胜利，绝对贫困消除，发展不平衡、不充分带来的相对贫困问题凸显，测评连片特困地区脱贫成效，构建脱贫户返贫风险监测及预警系统，提出"阻返"机制，从而构建连片特困地区脱贫长效机制，为理解转型升级关键期的政府、市场及社会在反贫困中的行为奠定基础，有助于丰富反贫困的经济学视角理论认知，较好地实现反贫困制度设计、政策干预与市场经济发展要求之间的协调，保障区域发展质量。

---

❶ 习近平. 高举中国特色社会主义伟大旗帜 为全面建设社会主义现代化国家而团结奋斗 [N]. 人民日报, 2022-10-26(001). DOI:10.28655/n.cnki.nrmrb.2022.011568.

实践价值

可以为政府在脱贫政策与决策调整方面提供思路、对策和建议，助力高质量、高标准如期脱贫，促进贫困地区与贫困人口建立发展长效机制。课题选择连片特困地区秦巴山区为研究对象，围绕"前阶段脱贫成效、新时期返贫问题"的现实诉求，基于反贫困制度变迁、扶贫政策演化与调研数据分析，探讨贫困区域发展资源缺口与扶贫资源配置结构失调之处，构建脱贫户返贫风险监测及预警系统，并提出扶贫资源配置调整等方面的政策建议，将有助于连片特困地区脱贫政策调整，实现高质量可持续长效脱贫。

2 国内外研究综述与相关概念界定

2.1 国内外文献研究综述

2.1.1 贫困与反贫困的理论基础

2.1.1.1 马尔萨斯人口增长理论

贫困作为一种特定的社会经济现象，一直是学术界追踪的焦点问题，从理论渊源上，真正将其纳入理论研究范畴的奠基人是18世纪70年代著名的英国人口学家、政治经济学家马尔萨斯。1798年，马尔萨斯在《人口原理》一书中，提出了著名的"人口剩余致贫论"，即社会人口按几何数列增加，而生活资料因土地有限而只能按算术数列增加，因人口增长速度快于食物供应的增长速度，随时间推移，最后因食物不足导致人口过剩，必然导致贫困、恶习等出现。马尔萨斯认为这就是支配人类命运的永恒和自然的人口规律。而人口的过度增长是受人口规律支配的，是不以人的意志为转移的，人口过剩实际上无法避免，大多数人注定要在贫困和饥饿的边缘上生活。他指出消除贫困的唯一办法不是革命，不是实行平等的社会制度，而在于直接"抑制人口增长"。

马尔萨斯关于贫困与反贫困的理论阐述产生于18世纪末英国资本主义迅速发展、劳动人民日益贫困化时期。由于其所处社会历史时代的局限性，以及马尔萨斯的资产阶级本质立场，马尔萨斯的"抑制人口增长"的反贫困理论存在着很多片面，乃至极端错误和反人类的观点，不仅明显忽略了技术进步和社会生产力发展的巨大作用，而且撇开了具体的社会生产方式。作为人口学的理论先驱,尽管由于生活时代和阶级的局限,但辩证地来看,也有其合理的因素和一定的积极意义。马尔萨斯在西方工业革命蓬勃发展时期,关注到社会中广泛存在的贫困问题,并试图从对社会经济的表面现象认识中阐述贫困产生的原因及其解决和消除贫困的路径,不仅吸引了更多的人来关注社会贫困问题,而且为后来反贫困的理论研究开启了先河。

2.1.1.2 马克思主义理论

在贫困与反贫困的理论研究中,科学社会主义的奠基者、马克思主义的创始人马克思和恩格斯,自19世纪中叶开始就对工业革命后资本主义社会出现的贫困问题展开了深入分析,并对马尔萨斯的反贫困理论观点进行了批判。马克思和恩格斯是最早从制度层面对资本主义制度下贫困产生原因,以及反贫困路径等理论问题进行科学系统研究的学者,其反贫困的研究成果为世界的反贫困理论研究做出了巨大的贡献,在世界反贫困理论中占有非常重要的地位。马克思主义的贫困研究不同于马尔萨斯研究视角和出发点,他立足于资本主义生产的本质而非社会经济与人口的表象研究,即资本主义制度本身。

恩格斯指出,在资本主义制度下无产阶级丧失了生产资料所有权,变得一无所有,要去获得生存资料就不得不出卖劳动力。在资本主义经济中,劳动为富人生产了奇迹般的东西,但是为工人生产了赤贫。"资本增长得越迅速,工人阶级的就业手段即生活资料就相对地缩减的越厉害。"资本积累的增长给无产阶级带来的不是社会福音,而是贫困积累的厄运,资本积累的后果必然是"在一极是财富的积累,另一极则是贫穷、劳动折磨、无知、粗野、道德堕落和受奴役的积累"。面对着资本主义制度下的贫困厄运,马克思和恩格斯明确指出,资本主义制度下,无产阶级摆脱贫困的唯一出路是通过暴力革命在政治上推翻资产阶级统治,"用建立新社会制度的办法来彻底铲除这一切贫困"。

马克思和恩格斯全面分析了整个无产阶级各个方面的贫困状况,从资本主义社会制度及生产关系的角度揭示出资本主义制度下无产阶级贫困化的根源,并指出了摆脱和消除贫困的道路和目标。其意义不仅在于突破了之前的经济、技术分析的狭隘性,科学预见了无产阶级贫困化的历史趋势,最早为反贫困提供了一个阶级和制度分析的路径,更重要的是马克思代表无产阶级立场，对贫困现象问题进行批判分析，把消除资本主义社会贫困和人的解放这两个重大的社会目标结合起来，不仅为后来人类反贫困主题注入了社会性和人文性的全新思想，更为未来人类社会的反贫困指明了方向。由于马克思主义的反贫困理论是基于早期资本主义国家的贫困现象，并未囊括发展中国家的贫困问题及其现象，运用马克思反贫困理论对发展中国家的贫困问题进行分析和解释就存在一定的局限性。考虑到研究背景、研究时代、社会制度的迥异，社会主义和资本主义制度下的贫困问题必然有着显著差异，显然，马克思主义的反贫困理论已不能完全且有力地解释当今社会主义的贫困问题。因此，马克思主义反贫困理论仍然需要在社会主义制度的反贫困探索实践研究中继续发展和完善。

2.1.1.3 "收入再分配" 理论

任何理论的产生都是特定历史下的产物，有着深刻的社会思想和时代背景，收入再分配反贫困理论的诞生也不例外。纵观各方面而言，其中最主要的源自以下两个方面。第一，社会现实使人们对传统贫困价值观的态度与认识发生了改变。费边社会主义认为，贫穷不仅是个人的事，更是社会的事。政府有责任和义务按社会的需要实行某种程度的财富转移，援助患病的人、老年人、儿童和失业者，以确保每个人获得保障。费边主义构筑的以解决贫困问题为核心的福利理论，在引导社会思潮由个人主义向集体主义转变做出了巨大贡献。第二，新自由主义认为工人贫困不是因为他们懒惰，而是经济结构本身存在问题。同时指出，经济发展不一定能同时为富人和穷人都带来好处，因此，必须强化政府的作用，通过立法来实行再分配。而德国新历史学派进一步提出福利国家思想，认为国家除了维护国家安全和社会秩序之外，还有一个"文化和福利的目的"。其强调要发挥国家的行政职能作用，通过赋税政策实行财富再分配，并通过各种法令和建立国有企业等措施来实行自上而下的改良，为整个社会谋利益，负起"文明和福利"的职责。因此国家必须通过立法，实行包括保险、救济、劳资合作以及工厂监督在内的一系列社会政策措施，自上而下地实行经济政策改革，以缓和、协调阶级矛盾。

收入再分配理论的核心在于通过国民收入的再分配，使社会财富在富人和穷人之间、在职者与失业者之间、健康者与病残者之间、富裕地区和贫困地区之间合理地适当转移。与初次分配有所不同，初次分配着重的是效率，由于"市场失灵"，扶助弱者就被看作弥补市场缺陷，因此再分配则强调注重公平。社会保障在反贫困中发挥了巨大的作用，不仅保障了穷人的基本生活，有利于消除绝对意义上的贫困，而且维护了社会的公平，促进了社会的文明进步。但同时，我们也应看到，"福利国家思想"一开始产生就与广大工人阶级的斗争分不开，维护阶级统治和社会稳定的考虑大于保护穷人的利益。所以，尽管今天的发达国家很富裕，但贫困问题依然比较严重，因为其目的本身不是在于促进国民的全面发展，所以，其在维持了穷人生存需要的同时，也维持了贫困本身的存在和代际传递，使之成为一个拥有无法消除的现象。另外，通过再分配的方式解决贫困问题，必然也涉及社会财富的创造问题。"福利国家"的危机表明，创造财富和分享财富是一样重要的，否则是不可能从根本上消除贫困的。

2.1.1.4 "涓滴效应"理论

"涓滴效应"又译作渗漏效应、滴漏效应。最初是由美国著名的发展经济学家赫希曼（A.O.Hirshman）在《不发达国家中的投资政策与"二元性"》一文中提出的，认为增长极对区域经济发展将会产生不利和有利的影响，分别为"极化效应"和"涓滴效应"。"涓滴效应"（Trickle down effect）理论主要是产生于"二战"后并在其特定的历史背景下盛行开来。"二战"以后，一些发展经济学家通过对早期发达国家的增长问题和当时世界贫困国家概况的研究获得了两个发现。第一，是经济发展初期不可避免地存在贫富分化和不平等，虽然贫困十分普遍，但收入分配不公有利于资本形成和经济增长，随后贫困会随着经济不断增长而减缓。其中影响较大的当数"库兹涅茨假说"。第二，是当时世界上大多数生活在绝对贫困中的人口，存在于收入平均水平低的国家而不是收入分配方式极不平等的国家。据此得出结论认为，社会贫困与经济增长水平密切相关，经济增长是减少贫困的强大力量，而穷国发展有其必然的代价。在经济发展初期阶段，有利于发达地区经济增长的极化效应居主导地位，会扩大区域经济发展差异。而从长期来看，发达地区对不发达地区带来的投资和就业等发展机会的"涓滴效应"将缩小区域经济发展差异。

在贫困问题研究领域的应用，体现在库兹涅茨的"涓滴效应"理论关于"市场经济的发展能够自动缓解和消除贫困"的观点，追根朔源还是新古典主义者有关经济发展过程中收入分配将自动改进的。实质反映的是反贫困中的市场机制与政府行为的关系。由于贫困的首要表现是物质和收入的匮乏，因此，经济增长是减少收入贫困的强大动力，毕竟没有增长就难以聚集减困的实力。"但是经济增长与收入贫困减少之间的联系远非自动形成的"，减贫程度也不完全依赖于经济增长，"经济增长对贫困的影响程度取决于由经济增长所带来的额外收入是否为穷人所享有。如果经济增长能使最贫困人口所获得的收入份额增加，贫困人口收入的提高就会快于平均收入的提高，减贫幅度就大；如果经济增长使最贫困人口所获得的收入份额减少，贫困人口收入的增长就会滞后于平均收入的增长，贫困人口的贫困程度就会愈发深重"。

2.1.1.5 "赋权"反贫困理论

"涓滴效应"反贫困理论的实践表明，如果经济增长不能为穷人分享，不仅不能消除和减轻社会贫困，反而会增加贫困的积累和加剧社会贫富两极分化，研究表明，减轻贫困的程度与初始不平等密切相关，一般初始不平等程度很低的国家所带来的减贫效果大约是不平等程度很高的国家的2倍。而这些显然是通过强调市场经济下经济增长的自然滴漏而减少贫困的涓滴反贫困理论所未能预见和考虑到的，在此背景下，赋权理论开始进入反贫困研究者的视野，并随着贫困问题研究的进一步深入而被越来越多国家的研究者和国际组织所认可和推广。

赋权理论来自英文的"Empowerment theory"的译文，也有的译为增权、增能、培力等，主要是指"赋予权利、使有能力"。赋权理论最初发起于社会工作和女性主义运动研究领域，后因以该理论为指导的实践模式表现出明显的可行性和建设性，研究的对象逐渐扩大至尽可能多的失权个人或群体，赋权理论正是在这样的背景下延伸至反贫困问题研究领域。但在反贫困研究中，赋权真正成为一种反贫困理论，最主要的还是与阿马蒂亚·森关于"贫困的实质源于权利的贫困"这一研究发现有关，而森也因为在权利贫困研究中的杰出贡献而获得诺贝尔经济学奖。森在其年出版的《贫困与饥荒》一书中,通过对饥荒的系统分析发现,在实际生活中一些最严重的饥荒发生,只是因为他们未能获得充分的食物权利的结果,并不直接涉及物质的食物供给问题,即一个人支配粮食的能力或他支配任何一种他希望获得或拥有东西的能力,都取决于他在社会中的所有权和使用权的权利关系,即使粮食生产不发生变化,权利关系的变化也有可能引发严重的贫困和饥荒。无论是经济繁荣时期,还是在经济衰退时期,饥荒都可能发生。如果经济繁荣表现为社会不平等的扩大,则繁荣过程自身就有可能成为饥荒的诱因,要理解饥荒和贫困,就应当把他们放在权利体系中来加以分析,权利关系决定着一个人是否有权力得到足够的食物以避免饥饿。

森指出要解决贫困,要做的事情不是保证食物供给,而是保护食物权利,但鉴于权利关系又决定于法律、经济、政治等的社会特性,所以面对贫困者在社会中存在的权利贫困现象,要实现保护他们的权利目的,只能通过对相应的制度安排,建立一套政治和社会体制,赋权以保障贫困者享有基本的政治与公民自由、获得基本生活需要和教育、医疗卫生等权利。由此可见,超越经济层面而从权利层面上向穷人"赋权"构成了赋权反贫困理论的核心,其最显著的特征是通过对获得资源和参与决策发展活动的权利再分配,为贫困群体提供最基本的参与和决策权力,从而真正受益。

2.1.1.6　持续生计理论

"可持续生计"概念源于20世纪80年代末期到90年代初期印度经济学家森(Sen)、英国学者钱伯斯(Chambers, 2000)、康韦(Conway, 1999)等学者的创新型和开拓性的贫困理论研究。可持续生计框架包括脆弱性环境、生计资本、组织机构与程序规则、生计策略和生计结果五个部分,其分析框架的基础是:生计资本—可获得性—活动;其政策设计的思路是利用资本、权利和可能的策略去追求某种生计出路。

脆弱性生计环境反映了贫困人口生产生活的生计环境,是可持续生计框架的基础。在脆弱性环境中,贫困人口的生计活动面临自然风险、市场风险、个体风险等三重风险的冲击。生计资本是指贫困人口维持生存、摆脱贫困状况或寻求发展的各类资本的总称，生计资本是可持续生计框架的核心，包括自然资本、物质资本、人力资本、社会资本、金融资本五大类型。可持续生计框架为反贫困研究提供了全新视角，从可持续生计框架视角而言，贫困可以被视作由于贫困人口占有和能够动员的生计资本匮乏，而来自政府、社区、社会团体、农民合作组织等外部支持所起到的作用不足以帮助其扭转困境。生计策略选择的范围狭窄，导致其无力应对脆弱性环境中的自然风险、市场风险及个体风险等外部冲击，从而出现经济困境、收入微薄、财产稀少等状态。相应地，反贫困就是要通过有效的外部干预，增强贫困人口抵御风险冲击的能力，促进贫困人口占有的生计资本大幅和均衡增长，拓展生计策略的选择范围，从而达到收入增加、福利改善、能力提升等生计输出结果，进而防范脱贫人口返贫。

国内外学者对贫困的认识及其内涵界定经历了一个不断演进的过程。亚当·斯密（Adam Smith）(1776)认为贫富取决于一个人所能享受到的生活必需品、便利品和娱乐品的多少和品质。威廉·配第（William Petty）(1769)、朗特里（Seebohm Rowntree）(1901)、皮特·阿尔科克（Pete Alcock）(1993)、奥珊斯基（Orshansky）(1965)以及中国学者汪三贵(1994)、童星(1994)等从"缺乏"的角度对贫困概念进行了界定。贫困的首要概念是"缺乏"，体现为物质的不足。"贫困是个体没有足够的收入用于食物、保暖和衣着方面的开支，是物质不足、社会落后、情感匮乏造成的一种现象"。罗格纳·纳克斯（Ragnar Nurkse）(1953)、阿尔伯特·赫希曼（Albert Otto Hirschman）(1958)等学者认为造成贫困的根源主要是资本的缺乏，资本缺乏是限制贫困经济增长的关键因素。舒尔茨（Schultz）(1993)和阿马蒂亚·森（Amartya Sen）(2001)认为人力资本的匮乏是导致贫困的根本原因。

从经济角度，减贫首先是解决物质缺乏的问题，提升贫困群体收入，最早在20世纪50年代库兹涅茨提出了物质资本范式。其认为在经济发展到一定的程度之后，发达地区由于生产要素价格上涨，平均利润率降低，生产要素会向欠发达地区转移，从而促进欠发达地区经济增长，自动实现减贫，缩小区域发展差距。即通过发展经济，会形成要素的自行流动，实现欠发达地区的增收与减贫。我国自20世纪80年代贫困地区获得了经济高速增长，加之扶贫工作的开展，通过发展经济实现农村大面积整体脱贫，证明了库兹涅茨理论的有效性。但是，通过发展经济在带动贫困群体脱贫的同时，也带来了地区间的非平衡增长，群体间收入差距增加。而经济增长所带来的资源福利不会自动溢向贫困群体，因而需要建立配套的机制来保证贫困人口受益。

英国学者朗西曼（Runciman）（1966）与汤森德（Townsend）（1979）指出，贫困的研究需要加入相对的概念，当一个人或家庭获得的各种物质和服务不符合所属社会阶层的习惯，不被大众认可，就可以认为他们处于贫困之中。赋予贫困人口获得健康和教育的权利以增加贫困人口参与经济、社会和政治的机会，为贫困居民广泛创造脱贫发展的条件，构建减贫机制非常重要。

马克思提出，要充分发挥个人的自主性、主体性，实现人的全面、自由、和谐发展。我国脱贫工作的根本目标即遵循了马克思关于人的全面发展思想理论。

阿马蒂亚·森（2011）开辟了从可行能力的角度定义贫困。森认为贫困的本质是可行能力的被剥夺。森在《以自由看待发展》中定义个人可行能力为个人"实现各种不同生活方式的自由"。森指出，可行能力直接关注自由本身而非实现自由的手段；可行能力可以理解为实质自由的表述。因此，增收只是减贫的手段，而不是减贫的目标。

至此，"人"开始成为反贫困机制的主要对象，从目标与发力点上，贫困主体的作用凸显出来。"人"的内在因素成了致贫的主要原因，"人"的内生动力培育也成为脱贫的根本途径。

"反贫困"这一概念在1970年缪尔达尔《世界贫困的挑战——世界反贫困大纲》中被正式提出。关于反贫困概念有如下表述：减少贫困（Poverty reduction）、减缓贫困（Poverty alleviation）、扶贫（Support poverty）、摆脱贫困（Poverty eradication）。其中，减少贫困突出反贫困的过程性，减缓贫困体现减贫的手段，扶贫主要是从制度设计、政策落实的角度解决贫困问题，摆脱贫困突出反贫困的目标性。减少贫困、减缓贫困、扶贫直至摆脱贫困，也勾勒出了反贫困的逻辑顺序和渐进过程。反贫困既是人类社会发展的目标，也是体现在制度设计与政策实施上的治理理念。此外，我们通常所讲的扶贫和脱贫是我国反贫困的两个重要词语，扶贫更多地体现为一种动态的作为、工作，体现为帮扶贫困人口、脱贫（有时被翻译为 lift...out of poverty 或者 poverty alleviation）可以看作反贫困的目标，即通过扶贫，使贫困地区、贫困人口实现脱贫。

阿巴希·班纳吉（Abhijit V. Banerjee）和埃谢尔·迪弗洛（Esher Duflo）深入贫困人口最集中的 18 个国家和地区，探寻贫困根源，提出实用性强的扶贫方案与建议。阿巴希·班纳吉和埃谢尔·迪弗洛认为如果要摆脱贫困，社会政策的干预是关键。"尽一切可能来提高贫困人口生活质量，而不是等待经济刺激将是大势所趋。"改变贫困可以从 5 个方面做起：增加贫困人口的信息来源；通过补贴使贫困人口做"正确"的事情；技术创新与制度创新可以弥补市场的不足；管理和政策必须不断改进；通过多方促成启动良性循环，影响人们的信念和行动。

贫困的多维度内涵与多方面表现决定了贫困的复杂性，同时，也决定了反贫困概念的综合性。减贫与扶贫的主体更多是国家或者社会，而反贫困主要以培育贫困地区和贫困人口生成自我反贫困能力为目标，同时注重发挥国家和社会的干预作用。贫困的复杂性，要求从根源上治理贫困。反贫困不仅要能抓住"贫"，而且能捕获"困"。贫困户收入增加是反贫困的手段，而提升贫困主体能力，形成可持续发展机制才是反贫困的根本目标。

2.1.2 连片特困地区贫困问题研究

"连片特困"反映的是贫困呈现出的一种范围特别大、程度特别深的状态。在西藏、四省藏区、新疆南疆三地州基础之上，2011 年，《中国农村扶贫开发纲要（2011—2020 年）》中按照集中连片、突出重点、全国统筹、区划完整的原则，划定了包括六盘山区、滇桂黔石漠化区、武陵山区、乌蒙山区、秦巴山区、滇西边境山区、燕山—太行山区、大兴安岭南麓山区、大别山区、吕梁山区、罗霄山区等一共 14 个区域，作为新阶段脱贫攻坚的主战场。自此"连片特困地区"有了专属的概念，"连片特困"是该类地区贫困的特征。自 2011 年之后，针对连片特困地区的研究逐渐增加。研究主要集中在对连片特困地区贫困特征刻画、对某一具体片区贫困状况的测量、对连片特困地区特殊群体贫困以及连片特困地区减贫策略研究方面。具体研究内容及观点见表 2-1。

表 2-1 连片特困地区贫困问题研究梳理

内容	作者	观点	时间
连片特困地区贫困特征	王瑜，汪三贵	通过人口聚类，分析集中连片贫困地区的贫困类型、贫困结构	2015
	徐孝勇，封莎	测算集中连片特困区的自我发展能力，认为各片区自我发展能力呈现向东部和南部集中趋势	2017
	张琦，石新颜等	测算了中国14个连片特困地区的绿色减贫成效指数，考察减贫成效与绿色发展之间关系	2019
	孙久文，张静等	基于集中连片贫困地区贫困发生率等指标的统计分析，认为2020年以后集中连片贫困区基本上消失，相对贫困现象将成为新课题	2019
具体片区贫困状况测量	张大维	对武陵山区特殊困难社区进行案例分析，认为治理需要科学评估或监测，通过改善环境、改革政策体系，达到优良产出	2011
	贾金荣	从区域功能的视角出发，构建了六盘山区自我发展能力评价指标体系	2013
	冷志明，唐珊	测算武陵山片区自我发展能力的时空演变	2014
	吴忠军，邓鸥	分析南岭民族走廊34个贫困县的贫困程度与贫困开发存在问题	2014
	郭铖	考察太行山集中连片特困地区经济地位和社会互动对贫困农民幸福感的影响	2020
	钱力，倪修凤	测量大别山片区多维贫困，并以此为依据展开动态决策分析	2020
连片特困地区特殊群体贫困研究	何得桂	分析陕南地区连片特困地区避灾移民搬迁政策执行偏差存在的原因、现象及对策	2015
	陈健，吴惠芳	调查连片特困地区农村妇女生计发展的政策需求意愿，建议给予农村女性老人特殊帮扶	2020
	韩佳丽	考察贫困地区农村劳动力流动减贫的现状，在此基础上提出促进劳动力的本地非农就业等政策优化路径	2020
连片特困地区减贫策略研究	贾先文	利用跨域协同治理理论，构建跨域一体化协同供给机制来解决连片特困地区公共服务供给难题	2015

续表

内容	作者	观点	时间
连片特困地区减贫策略研究	姚树洁，王洁菲等	少数民族贫困集中连片特困地区，精准扶贫必须坚持以"益贫式"为主，持续提高贫困家庭自我脱贫的意识	2019
	雷金东	认为提升连片特困地区城乡居民基本养老保险财政支持能力可以促进基本养老保险的可持续发展	2019
	陈方生，朱道才	连片特困地区扶贫措施的制定，应突出措施系统化、模式个性化以及关注帮扶成效人文化	2020

截至2021年9月10日，在中国知网上以"连片特困地区"为关键字搜索学术期刊，共找到934条结果。自2011年"连片特困地区"作为一个扶贫专属对象被确定后，研究成果呈现逐年上升趋势，见图2-1、图2-2。"连片特困"是贫困呈现出的状态，贫困连成了片的原因是什么？特别贫困的群体如何脱贫，深度贫困的地区如何脱贫？这些都是连片特困地区之所以被单独划定的初衷所在。

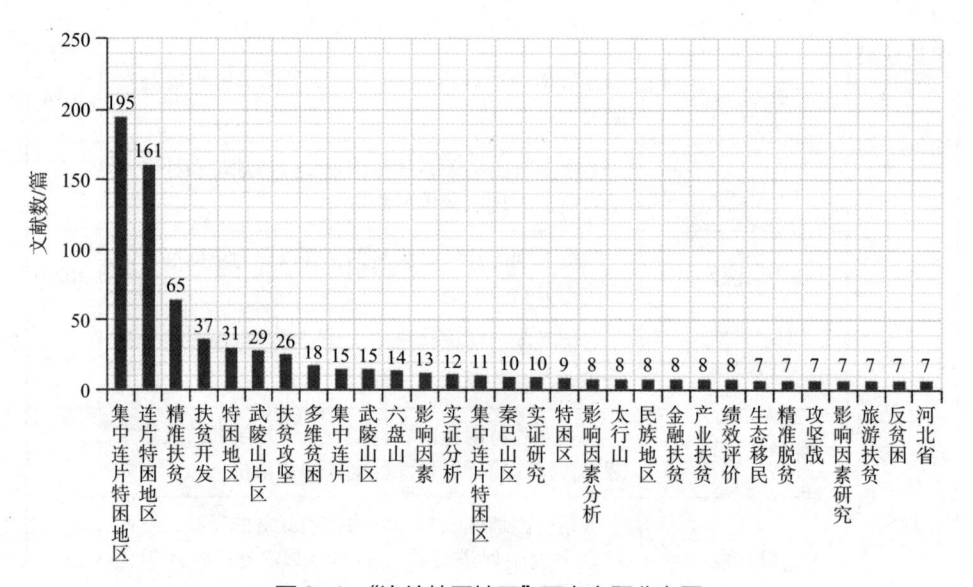

图2-1 "连片特困地区"研究主题分布图

图 2-2 "连片特困地区"研究年度趋势图

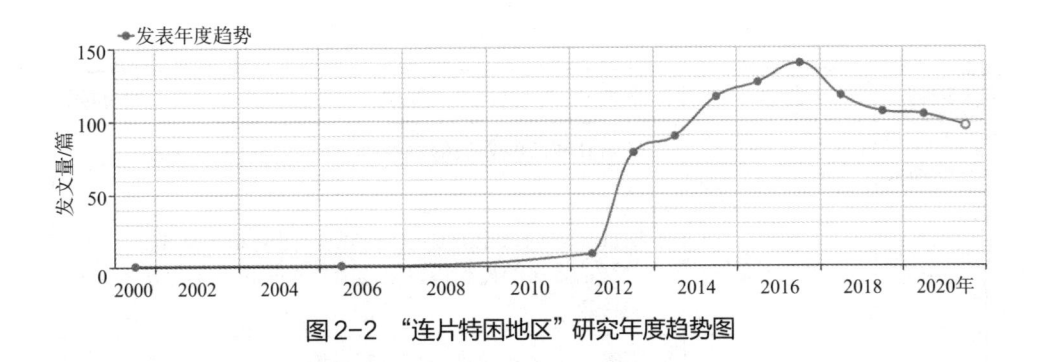

2.1.3 脱贫成效测评研究

反贫困成效评估在宏观研究方面，主要集中在评估指标体系的构建、评估程序、影响因素分析方面，此方面是成效评估理论与方法在政府某项制度方面的运用。在微观方面，反贫困成效评估集中在两个研究领域。一是扶贫资金的使用绩效评估，最主要的是财政支农资金的使用绩效评估。二是扶贫项目成效评估，这一块充分借鉴了项目成效评估中成熟的方法与经验。扶贫资金与扶贫项目有着不同于其他资金与项目的特殊性，扶贫资金来源渠道多，且发挥作用的时滞性强，因而很难找到完整对应意义的投入与产出关系，给成效评估带来了挑战。扶贫项目不同于其他项目，扶贫项目种类繁多，项目的成本核算难以有统一标准；扶贫项目的受众分散，往往是许多个自然人，给项目成效的核算带来了困难。通过反贫困成效评估文献梳理，关于反贫困实践成效评估的主要观点集中在：第一，扶贫资金投入增加对减贫具有非常明显的成效；第二，扶贫资金的经济绩效和减贫影响逐渐减小；第三，就中国的贫困问题而言，扶贫成效提升的关键在于提高扶贫资金使用效率；第四，精准扶贫需要在帮扶方式、资金管理等方面进行制度创新，见表 2-2。

表 2-2 反贫困成效评估研究梳理

内容	作者	观点	时间
扶贫项目成效评估程序及影响因素	Makdissi, Wodon	在多个项目同时实施时，某个项目的瞄准成效	2001
	Piazza 等	扶贫资金使用效率的提升是扶贫成效提升的关键。其中瞄准机制、资金监管、资金投向是重要的关注领域	2001

续表

内容	作者	观点	时间
扶贫项目成效评估程序及影响因素	陈（Chen）等	贫困县和匹配方法的选择会影响对反贫困效果的估计	2003
	Ravallion	项目实施的背景对成效评估的结果有很大影响，改善评估方法的途径可以通过随机实验和非实验方法的融合	2005
政府成效评估	黄（Huang）	运用OLS模型证明中国水利对粮食产量、农民收入增加有正向影响	2001
	卓越	政府成效就是在履行公共服务职责的过程中实现公共绩效产出最大化的过程	2004
	戚振东	政府成效评估时要充分考虑的五要素，即投入资源的效率性、效果性、经济性、公平性以及环境性	2008
各项扶贫资金的成效评估	田丹	从社会、生态等宏观角度以及微观经济角度构建财政支农资金成效评估指标体系，并按照立项和项目计划的完成以及项目建设完成的流程，考察了资金成效	2005
	周朝阳，李晓宏	建立评价财政扶贫支出的成效的四个标准：计划、行业、历史、经验	2003 2007
	陈鹏，朱乾宇等	扶贫资金、财政惠农资金项目有显著减贫效应，区域间作用效果存在大的差异	2019
	邓菊秋 杨照江	对我国1978年以来的财政支农政策进行了成效评述、问题分析与展望。认为需要加强对现行财政支农政策资金绩效评估	2006 2019
	姜爱华	扶贫资金经济绩效减贫影响逐渐减小，制约了扶贫成效	2008
扶贫项目成效评价	庄天慧等	采用模糊评价法，评价西南地区少数民族贫困县脱贫效果	2012
	张曦	基于DEA基本理论与方法，考察参与式扶贫成效	2013
	吕国范	采用层次分析法AHP和偏离额度分析法SSM评估资源产业扶贫成效	2015
	张琦，王赟，陈伟伟等	在多维动态评价理论基础上，使用灰色关联评价分析某一地区扶贫成效	2015

续表

内容	作者	观点	时间
扶贫项目成效评价	汪三贵	认为精准扶贫面临资金管理缺乏灵活性等问题，需要在资金管理和考核评估方面进行创新	2017
	刘明月，汪三贵	产业扶贫基金在实施中面临被投资企业经济利益与扶贫责任较难平衡等困境	2019

2.1.4 "阻返"长效机制研究

随着贫困率的下降，贫困人口的减少，脱贫攻坚的逐渐胜利，"返贫"问题逐渐凸显，如何巩固脱贫成果，阻止返贫是新时期反贫困研究的要求。关于"阻返"机制研究主要有以下方面，见表2-3。

表2-3 "阻返"机制研究梳理

内容	作者	观点	时间
扶贫政策反思	王介勇，陈玉福	扶贫政策的边际效益逐渐递减，扶贫政策亟待完善	2016
	左停	目前扶贫工作需建立产业依托主体的准入制度，以完善产业扶贫的后续扶持政策	2015
	陈升	地方扶贫政策存在精准度难以达标、部分贫困户被排斥等问题	2016
	郑瑞强	应根据扶贫主体意识回归、资源供需对接、工作业务流程再造等视角设计未来政策走向	2016
减贫配套机制和制度的建立	联合国 世界银行	增加更多机会让贫困人口参与经济、社会和政治，赋予其能力提升的权利	2002 2009
	张耀宇，沙勇，周翼虎	依托脱贫攻坚阶段国家给出的特殊扶贫政策，实现脱贫攻坚与新型城镇化统筹联动	2019
返贫情况的诱发因素	郭志杰等 凌国顺	农村返贫现象多发的原因在于：自然经济的分散、贫困价值观念、政策体制的不配套等	1990 1999
	董春宇等	经济脆弱是返贫主因，二者互为因果	2008
	郑瑞强，曹国庆	返贫的诱发因素涉及政策不匹配、思想观念落后和制度缺陷等诸多方面，对贫困人口生计空间进行重塑，可减少和防范贫困人口返贫	2016

续表

内容	作者	观点	时间
返贫情况的诱发因素	李长亮	文化程度低、患有大病及残疾、没有务工、缺技术缺劳力等因素的贫困人口返贫概率相对较高	2019
"阻返"机制建立的必要性	李仙娥，李倩，牛国欣	从生态贫困的深重性、致富能力的偏弱性、生态治理的片面性三个方面构建集中连片贫困区生态减贫长效机制	2014
	杨园园	加快建立健全贫困识别和动态监测体系，提升政策与地方实情的匹配度	2016
	付东震	通过对样本地区精准扶贫过程中返贫阻断现状、问题的简要分析，提出建立返贫阻断长效机制的若干建议	2017
	江辰，秦首武，王邦虎	精准扶贫与防止返贫是解决当前农村贫困问题的最重要节点和痛点，现有的精准扶贫与防止返贫工作需进行优化治理	2018
	张鹏，吴明朗，张翔	养老保险和医疗保险能显著阻止脱贫家庭返贫的可能，现金转移支付的"阻返"效果不明显	2022
返贫治理对策路径	王海滨，罗利丽	从国家制度安排、贫困地区人力资本投入、常规化扶贫机制建设三个方面发力，形成政府、社会与贫困人口全程参与的联动机制遏制返贫现象	2007 2008
	赫伯特（Herbert），欧阳煌	社会福利、基本公共服务与就业保障等政策的实施有利于帮助贫困家庭在扶贫项目中直接受益，保障脱贫	2014 2015
	何华征，盛德荣	通过财富内生、心理介入、制度供应等方式阻断农村脱贫人口返贫的通道，提高减贫开发实效性	2017
	章文光	应树立高质量脱贫观念、明确返贫认定标准，从而及时有效化解返贫风险	2019
	赵如，杨钢，褚红英	通过产业发展改变贫困地区生产场域和生活场域等返贫治理对策	2021

贫困具有反复性，连片贫困地区的脱贫尤其困难。"阻返"研究集中在扶贫政策反思、返贫诱发因素、减贫配套机制和制度的建立、"阻返"机制建立的必要性以及返贫治理对策路径四个方面，正好反映了"脱贫—返贫—再脱贫—

永久脱贫"的一个历程。脱贫成效的评估是对扶贫政策进行的反思总结，是提升脱贫质量的基本要求。不同的学者从扶贫对象的识别、资源的配置方式、具体政策设计与实施注意事项等角度展开了论述，为调整扶贫政策打下了理论基础。而减贫配套机制和制度的建立正是扶贫政策反思改进的一个环节，国内外学者，普遍注意到了贫困户"内生能力"在脱贫中的重要意义。阻止返贫，必须厘清导致返贫的因素，学者们多从主体、客体以及环境三个方面论证了导致返贫的因素，返贫是内因与外因共同作用的结果。因此，返贫治理对策也需要各界共同联动、广泛参与，才能从根本上阻断贫困。

2.2 研究述评

本领域已经取得了较多研究成果，呈现出不同的理论指向和理论风格。学界对于反贫困问题的研究发展为世界反贫困的实践提供了有力理论指导。在现代社会中，贫困现象不再单纯是由地质、气候等原因引发的自然灾难性事件。贫困呈现出多形式、多维度的状态，贫困人口在自然风险、社会风险面前尤为脆弱。就此而言，反贫困机制包括五个层面的含义。第一，贫困是一种经济发展的滞后状态。第二，贫困的内涵与形式都在不断地变化，一些社会成员在市场竞争和各类社会风险面前，生计的安全性与稳定性受到影响，容易陷入贫困的状态。第三，贫困是一种"可行能力"的不足。"可行能力"的观点更为强调一个人、一个社区有可能实现的、各种可能的功能性活动之总和，可行能力的提升有赖于一系列改革形成相应的支持系统，进而促进个人的自由。脱贫户"可行能力"的大小可以作为测量脱贫成效、判断返贫可能性的依据，也是构建脱贫长效机制的标准。第四，连片贫困地区是我国贫困程度最深，发展基础最薄弱的地区，也是最易返贫的地区。第五，脱贫成效测评是"阻返"机制建议的前提与基础，可以借鉴成效评估领域研究成果，结合脱贫具体指标进行分析。

前人反贫困机制理论研究为连片贫困地区脱贫长效机制的创新奠定了理论基础；对精准扶贫、扶贫成效评估以及对扶贫瞄准的研究和探讨，对连片贫困地区的深入研究，为脱贫成效的评估提供了研究资料；对返贫诱因、返贫治理、减贫制度的研究，以及"阻返"制度机制建立的必要性方面的研究拓展了本研究的探索视野。

但其理论研究还存在一些不足之处：在研究视角方面，缺少以脱贫农户生计可持续性现状为视角，围绕精准脱贫效果以及返贫可能性判断展开调查的评估研究；在研究对象方面，偏重于对单个连片特困地区的研究，针对我国14个片区贫困整体成效测评的研究较少，难以从整体和全局角度揭示我国连片贫困地区的贫困问题，难以反映对比连片贫困地区之间贫困成因、脱贫成效；在返贫研究方面，大多局限在返贫现象发生之后的治理层面，兼顾到返贫发生之前的研究较少，忽视了脱贫效果可持续评价与前期预防的重要性。因此，本书试图弥补以上不足。

2.3 相关概念的界定

2.3.1 贫困的内涵

贫与困总是相伴而生的，"贫"更多体现为物质上的缺少物资、收入不足以满足其基本需要的状态，"困"更多体现在由于能力不足而陷入社会、环境等困境中难以摆脱的状态。因而，贫困是一个可以多角度解释的概念。从收入的角度，朗特里提出，如果一个家庭的总收入不足以维持家庭人口最基本的生存活动要求，那么，这个家庭就基本上陷入了贫困之中。萨缪尔森认为，贫困是一种人们没有足够收入的状况，……它低于所估计的维持生存的生活水平所需的费用。从能力的角度，世界银行在以贫困问题为主题的《1999/2000年世界发展报告》中将贫困定义为"缺少达到最低生活水准的能力"。阿玛蒂亚·森认为，应该改变传统地使用个人收入或资源的占有量来作为衡量贫富的参照，而应该引入能力的参数来测度人们的生活质量，解决贫困和失业的根本之道是提高个人的能力。从权力的角度，汤森认为，贫困是一个被侵占、被剥夺的过程。在这一过程中，人们逐渐地、不知不觉地被排斥在社会生活主流之外。奥本海默也认为，贫困夺去了人们建立未来大厦——"你的生存机会"的工具，它悄悄夺去了人们享有生命不受疾病侵害、有体面的教育、有安全的住宅和长时间的退休生涯的机会。联合国开发计划署（UNDP）在《1999年人类发展报告》中提出了"人文贫困"新概念,贫困是指"除缺乏物质福利的必需品外,还意味着不能得到对于人类发展来说最基本的机会和选择过长期、健康、有创造性的生活,达到体面的生活标准,有尊严、满足自尊并受到他人的尊重以及得到人们在生活中重要的东西"。

从物质的"缺乏"到社会的、精神的、文化的"缺乏",贫困的内涵在逐渐拓展。关于贫困的类别,主要有绝对贫困与相对贫困两类。朗特里认为,绝对贫困是指低于维持身体有效活动的最低指标的一种贫困状态,这种指标"除了为维持身体健康而绝对必须购买的物品外,其他一切都不能包括在内,而且所有购买的物品必须是最简单的"。在此基础上,皮特·阿尔科克进一步指出,绝对贫困被认为是一个客观的定义,它建立在维持生存这个概念的基础上,维持生存就是延续生命的最低需求,因此低于维持生存的水平就会遭受绝对贫困。目前发展中国家所存在的贫困主要是指绝对贫困,如我国近年关于贫困的界定、反贫困的对策、贫困的测量、统计,均采用绝对贫困的概念和标准。

相对贫困也叫相对低收入型贫困,是一种相比较而言的贫困,是指从事实上看,某些人的生活低于社会上其他人的生活水平。"如果个人或家庭所掌握的钱财不能让他们具有他们生活的社会里已经形成的生活方式和已达到的生活水平,那么这个人就被认为是贫民,这个家庭就是贫困家庭。"我国有学者认为,相对贫困是温饱基本解决,简单再生产能够维持,但低于社会公认的基本生活水平,缺乏扩大再生产的能力或能力很弱。在实践中,与绝对贫困的客观性相比,相对贫困人口划定主要依赖于一定的主观价值判断加以确定。主要有两种类型:一类是把收入最低的5%的人口定为相对贫困人口,有的国家则把这一比例提高到10%或20%;另一类是以社会平均收入的一定比例作为贫困的标准,有的定为平均收入的中位数,即低于社会平均收入的一半就视为相对贫困人口,如世界银行专家认为,收入低于平均水平的1/3的社会成员便可视为相对贫困人口。

皮尔斯指出,贫困可视为一种绝对概念,也可视为一种相对概念。绝对贫困的研究确定了维持生命所需的最低收入水平。相对贫困研究决定了与相应的比较对象的相对的贫困。随着社会变得越富裕,确定为贫困的收入水平也越高。所以,绝对贫困是针对本体基本状况的贫困,是指在一定的社会状态下,所得不能保证其基本生存需求得以维持。贫困家庭在生产方面缺乏扩大再生产的物质基础，在消费方面达不到满足衣食住行等基本生存需要的最低收入。相对贫困是指在一个国家或区域，相对于一部分人来说，另一部分人更加贫困。随着经济的发展，社会的进步，收入的普遍提升，绝对贫困将逐步消除，而与分配密切相关的相对贫困逐渐成为反贫困研究的重点领域。

纵观以上学者观点，从物质方面来看，贫困是因为收入、资本等物质资源不能满足基本需求；从社会角度来看，贫困是弱势群体与基本群体的脱离；从主观发展视角，贫困是能力的不足。贫困的内涵是多维度的，贫困的表现也是多方面的。

2.3.2 "连片贫困地区"的概念界定

所谓"连片贫困地区"，是区域规划中的一个概念，指因自然、民族、宗教、政治、历史、社会等原因，一般经济增长不能带动、常规扶贫手段难以奏效、扶贫开发周期性较长的集中连片贫困地区和特殊困难贫困地区。从其涵盖的贫困区域来看，可分为广义和狭义。广义的连片贫困地区是由两个或两个以上的县或市或省构成的，而狭义的连片贫困地区则可由相连接的两个或两个以上行政村或乡镇构成。

"连片贫困地区"是我国的独创概念，是在长期的扶贫工作和反贫困研究中形成的。20世纪80年代，我国在扶贫开发工作中先后将331个县确定为国家重点扶持贫困县，并划分出18个贫困县相对集中的片区。随着扶贫开发的不断深入，我国政府、学者们研究发现贫困人口相对集中片区往往存在相同或类似的致贫因素，并且"整合贫困地区综合治理"减贫模式效果显著，由此，"连片贫困地区"作为一种新型扶贫资源分配和规划方式被给予越来越高的关注度。2010年国务院西部地区开发领导小组第二次全体会议提出，开展集中连片特殊困难地区开发攻坚的前期研究，至此"连片贫困地区"一词开始普遍被扶贫理论和实践工作者广泛运用。2010年7月温家宝总理在西部大开发工作会议上明确提出，把南疆地区、青藏高原东缘地区、武陵山区、乌蒙山区、滇西边境山区、秦巴山—六盘山区等集中连片困难地区作为扶贫开发重点。"十二五规划"中也强调，要加快解决集中连片特殊困难地区的贫困问题。2011年4月中共中央政治局会议指出，集中连片特殊困难地区扶贫攻坚任务仍十分艰巨。

根据《中国农村扶贫开发纲要（2011—2020年）》精神，按照"集中连片、突出重点、全国统筹、区划完整"的原则，以2007—2009年3年的人均县域国内生产总值、人均县域财政一般预算收入、县域农民人均纯收入等与贫困程度高度相关的指标为基本依据，我国将六盘山区、秦巴山区、武陵山区、乌蒙山区、滇桂黔石漠化区、滇西边境山区、大兴安岭南麓山区、燕山—太行山区、吕梁山区、大别山区、罗霄山区和西藏、四省藏区、新疆南疆三地州划分为14个连片贫困地区，并指出连片贫困地区是新时期扶贫攻坚的主战场。由此"连片贫困地区"正式成为一个概念。

14个连片贫困地区覆盖了全国21个省（自治区、直辖市）680个县，9823个乡镇。2010年行政区划面积近400万平方公里，占我国陆地面积近42%。户籍人口24264万，占全国总人口18%。地区总产值22778.8亿元，占全国当年国内生产总值410354.1的5.55%。地区预算内财政收入1072.9亿元，占全国公共财政收入83101.51亿元的1.29%。2010年，14个连片贫困地区按2008年标准计算的贫困发生率在5.0%~5.8%，按2010年标准计算的贫困发生率在34.0%~82.9%，超出全国平均水平6.8%~42.0%。连片贫困地区2010年地域特征及农村贫困详细情况见表2-4。

表2-4 2010年连片贫困地区地域及农村贫困基本情况表

名称	地域			2006农村贫困情况			
	行政区划	土地面积/万平方公里	地理特征	贫困发生率(2008年标准)❶/%	贫困发生率(2010年标准)❷/%	高于全国平均水平/%	贫困人口占全国农村贫困人口比重/%
六盘山区	甘肃、宁夏、青海、陕西4省区15个市（州）、61个县	15	西北干旱地区/地质灾害高发区/少数民族聚集区/革命老区县集中	18.3	67.5	26.6	3.4

❶ 国家统计局使用第二次全国农业普查数据和农村住户抽样调查数据，模拟估算，按2006年贫困标准958元计算。

❷ 按2011年10月公布的2300元，用农村消费价格指数倒推至2006年，为1984元，取2000元整数作为新标准可比价计算。

续表

名称	地域			2006农村贫困情况			
	行政区划	土地面积/万平方公里	地理特征	贫困发生率(2008年标准)❶/%	贫困发生率(2010年标准)❷/%	高于全国平均水平/%	贫困人口占全国农村贫困人口比重/%
秦巴山区	河南、湖北、重庆、四川、陕西、甘肃6省市75个县	22	自然环境十字交叉带/重要生态功能区/革命老区县集中地区	9.5	52.7	11.8	3.8
武陵山区	湖北、湖南、重庆、贵州4省64个县	15	少数民族聚居区/地质灾害高发区/革命老区县集中地区	9.0	49.1	8.3	4.1
乌蒙山区	四川、贵州、云南3省38个县	11	自然灾害频繁/地方病高发/少数民族聚居区	23.3	72.5	31.7	3.6
滇桂黔石漠化区	广西、贵州、云南3省区80个县	22.8	自然灾害频繁/生态环境脆弱/交通基本设施薄弱	18.5	65.5	24.6	4.1
滇西边境山区	云南省的56个县	20.9	地质灾害高发区/重要生态功能区/陆地边境地带	17.2	63.0	22.1	2.5
大兴安岭南麓区	内蒙古、吉林、黑龙江3省19个县	11	气候寒冷/生态功能区/少数民族聚居区	9.7	52.1	11.3	0.7
燕山—太行山区	河北、山西、内蒙古3省区33个县	9.3	地貌破碎/生态环境脆弱/京津风沙源地水源地	8.7	49.1	8.3	1.2

续表

名称	地域			2006农村贫困情况			
	行政区划	土地面积/万平方公里	地理特征	贫困发生率(2008年标准)❶/%	贫困发生率(2010年标准)❷/%	高于全国平均水平/%	贫困人口占全国农村贫困人口比重/%
吕梁山区	山西、陕西2省20个县	3.6	土壤贫瘠/生态功能区/革命老区县集中地区	13.3	62.6	21.7	0.5
大别山区	安徽、河南、湖北3省36个县	6.7	水土流失严重/革命老区县集中地区	12.0	54.1	13.2	3.8
罗霄山区	江西、河南2省23个县	5.2	水土流失严重/革命老区县集中地区	5.0	34.0	6.8	0.7
南疆三地州	新疆自治区24个县	44.1	自然灾害频繁/生态环境脆弱/典型老少边穷地区	35.8	82.9	42	1.3
四省藏区	四川、云南、甘肃、青海4省77个县	88.7	地质灾害多发/重要生态功能区	16.3	64.8	23.9	0.8
西藏地区	西藏自治区74个县	120.2	气候类型复杂/地形复杂	19.0	61.5	20.6	0.4

14个地区大部分是革命老区、边远山区、贫困山区的"三区叠加",地处于各省(自治区、直辖市)交界位置,或处于陆地边境地区,远离省会城市及发达地区,自然环境恶劣、地质灾害严重、经济基础薄弱,交通等基础设施落后,或属于生态环境功能区,长期发展受限。以行政区划配置资源的扶贫瞄准机制,制约了此类地区的脱贫效果。连片贫困地区打破了行政区域界线,充分体现了精准扶贫、精准脱贫思想。

近年来,政府加强对跨省片区规划的指导和协调,连片贫困地区贫困状况得到了很大改善。从 2011 年末至 2017 年末，集中连片贫困地区农村贫困人口，由 6035 万人，下降至 1540 万人，累计减贫 4495 万人，贫困工作取得了突出成效。然而，随着脱贫攻坚的深入开展，在绝对贫困人口数量大为减少、贫困率下降的同时，区域发展不充分、不平衡与相对贫困问题凸显，连片贫困地区将成为脱贫工作的重中之重，艰中之艰。测评连片贫困地区脱贫成效，考察连片贫困地区贫困呈现出来的多维图景，体察其贫困的特殊性、异质性，准确把握脱贫成果巩固的新挑战，构建脱贫长效机制，有助于为转型升级关键期的政府、市场及社会在反贫困中的行为奠定基础，更好地实现反贫困制度设计、政策干预与市场经济发展要求之间的协调，保障区域发展质量。

综上所述，界定连片贫困地区概念为贫困面积大，呈现出区域连片状态，贫困程度特别深重的区域，在地理位置上指六盘山区、秦巴山区、西藏、四省藏区等国家划定的 14 个重点扶贫区域。

2.3.3 成效与成效评价的含义

成效，也称为绩效，有成绩、效果、效益的含义。成效在经济领域泛指社会经济活动的结果和绩效。20 世纪 70 年代末，成效评价用来衡量公共部门活动的多元化成绩与效果。国内外学者普遍认为成效可以表示机构所提供产品与服务质量。成效可以通过投入、过程、产出和结果来描述，反映在行为、方式和结果三个方面。成效是一个过程的概念，是一定时间内的可描述的工作行为和可测量的工作结果。成效评价要从多维度的视角来进行，要充分考虑时间、方式与结果。

评价是指根据指标、依据标准，按照规定的方法，对事物发展结果所处的状态以及所产生的结果进行的分析判断。评价必须做到：评价依据合理，评价标准客观，评价方法科学，评价结果有效并具有可比性。综合成效与评价的概念与要求，得出成效评价就是采用科学有效的方法对特定主体行为的活动过程及其所产生的结果做出的一种判断。总的来说，可以从投入、过程、任务、效率四个方面来构建成效评估的要求与框架。

当前针对精准脱贫成效并未有一个统一口径、明确的评估体系，学界的研究和官方的评价体系多集中在脱贫的政策、工作评估，脱贫农户脱贫情况、脱贫市场评估等方面，评估的视角以脱贫政策制定和实施是否全面和适用为主，学者们和政府关注更多的是贫困农户最后的脱贫结果如何。随着扶贫工作的深入、连续地开展，我国脱贫工作已经进入攻坚期，"入之愈深，其进愈难"。尤其深度贫困地区，是经过几轮扶贫剩下的"硬骨头"，是贫中之贫、难中之难，传统的"灌水式""输血式"的扶贫模式已经不适用于当前的扶贫群体。为了进一步提高精准扶贫成效，我国的扶贫政策和机制需要不断完善。随着"精准扶贫"策略的正式提出和建档立卡工作的实施，"扶持谁""谁来扶""怎么扶"也将产生新的转变，原有的扶贫项目绩效评估思路就必须进行创新和改进。

党的十九大报告要求，"构建决策科学、执行坚决、监督有力的权力运行机制"。精准扶贫涉及金融支持、社会救助、产业发展等多个领域，落实习近平扶贫思想的重要抓手就是形成完整的扶贫成效评估体系。科学评估、全程评价并监督脱贫攻坚工作，可以有力提升扶贫工作的针对性、有效性。科学有效的成效评估可以针对实践中出现的问题，明确下一步工作的重点。习近平总书记曾指出，推进扶贫开发、推动经济社会发展，首先要有一个好思路、好路子。要坚持从实际出发，因地制宜，理清思路、完善规划、找准突破口❶。走向科学扶贫，前提在于坚持实际导向，多深入群众，多做调查研究，弄清楚事情的来龙去脉，形成好的扶贫成效评价体系，真正将扶贫工作做到"深、实、细、准、效"。综上所述，成效在书中指脱贫工作效果，包括宏观与微观两个方面。成效评价即采用一定的方法，对脱贫工作效果进行的测量与总结。

2.3.4 阻返机制的含义

贫困具有反复性，已经脱贫的群体因为种种原因，再次陷入贫困，这个原因可能是自身疾病、家庭变故等原因，也可能由于灾害等外部原因。此外，贫困标准的提高也会使在原标准下已经脱贫的人口再次纳入贫困人口中，成为"返贫"群体。从短期看，只有阻止返贫，才能巩固脱贫成果、保障脱贫质量；从长期看，"阻返"指阻断贫困的代际传递。要实现"阻返"，需要理清导致返贫的原因、阻止返贫的因素，以及这些因素之前相互作用的原理。还需要明确

---

❶ 习近平. 在河北省阜平县考察扶贫开发工作时的讲话[EB/OL]. (2021-2-15)http://politics.people.com.cn/n1/2021/0215/c1024-32029747.html.

应该从哪些方面改进制度、组织资源配置阻断贫困的反复；这些措施在实际中又该如何落实。因而，定义阻返机制为阻断贫困反复性的各要素，以及要素之间的结构关系和运行方式。

返贫意味着原来已经脱贫的人口因某种原因，不能维持正常的生存状况，又重新陷入贫困状态。这种现象表明，贫困者的生存状况和发展方式没有发生根本性变化，难以在短时间内摆脱贫困状态。随着扶贫工作的深入开展，我国在彻底消除农村贫困方面面临着返贫的挑战。构建返贫预警机制，有针对性地干预、阻断"饱而复饥、暖而复寒"的返贫现象，成为彻底巩固脱贫成果、从根本上解决贫困问题，决胜全面建成小康社会的基础工程。

阻断返贫的长效机制，重在构建动态识别机制。阻断返贫动态识别机制旨在发现问题、识别返贫隐患、联动政策措施响应，巩固来之不易的脱贫攻坚成果，是创建阻断返贫长效机制的首要前提。阻断返贫动态识别机制，既包括对我国脱贫返贫的历史回顾，也包括 2020 年以后对城乡脱贫返贫、多维贫困和相对贫困的动态识别，还包括揭示脱贫返贫的动态属性，科学开展生活质量信息监测以及整个动态识别机制的事后评估，确保识别过程的科学性与合理性。

3 "连片特困"的生成机理

"连片特困地区"由于资源、社会、个体等多重原因,脱贫难、易返贫。阻止返贫,巩固脱贫成果,要建立在对贫困深刻认识的基础上。需要明确导致贫困的因素,理清贫困区域连片、程度深重的生成机理,梳理返贫风险因素,从而有针对性地提炼"阻返"要素,构建阻返机制。

3.1 相关理论基础

3.1.1 贫困陷阱与贫困集聚理论

纳克斯、纳尔逊、缪尔达尔分别揭示了贫困陷阱产生的根源。"贫困陷阱"指经济发展中因为资源、人力、技术等因素存在着恶性循环,使贫困人口被锁定在贫困里,贫困地区深陷在贫困中,难以自拔。陷入贫困陷阱的家庭和人口集中聚拢在陷入贫困的地区,形成深度贫困的连片分布,即为贫困的集聚。马克思从不同角度解释了贫困陷阱,《资本论》中论述绝对贫困是从"生产资料被剥夺、劳动力变成唯一商品"开始的;界定"相对贫困"为"工人的相对工资以及相对社会地位与资本家相比较都会下降",相对贫困本质上是"工人所得到的社会满足程度"的下降。由于无产阶级生产资料被剥夺,因而出现劳动者无法获得较高的平均工资,从而引发物质贫困,继而出现"相对社会地位的下降"的"被排斥"等精神贫困,如此循环,落入贫困陷阱,形成贫困集聚。马克思认为,劳动能力是工人能够唯一出售的商品导致了绝对贫困,劳动收入在社会资产总额中的比例不断下降导致工人的相对贫困,从而引致生活贫困、精神贫困的循环。马克思关于贫困的论述,从另一个角度揭示了贫困陷阱的产生原因。

虽然现在的绝对贫困与相对贫困的概念内涵发生了变化。但是马克思的观点仍然能够从本质上挖掘出贫困陷阱与贫困集聚的原因。这正是连片特困地区贫困连片集聚，连片特困地区贫困人口陷入贫困陷阱，脱贫难、易返贫的一个解释。

3.1.2 可行能力理论

阿马蒂亚·森提出了饥饿分析的"权利方法"，对贫困的生成从另一个角度进行了解释；"所有权关系是权利关系之一，要理解饥饿，我们必须首先理解权利体系"，这一方法可以应用于贫困分析。阿马蒂亚·森认为，一人个所具有的交换权利还取决于他在社会经济等级结构中的地位，以及该经济的生产方式。他所拥有的东西会随着他所在的那一阶层的变化而变化，更重要的是，在灾难发生时，这一差别将造成截然不同的权利。交换权利依赖于所有权状况、经济前途、生产方式和社会地位。阿马蒂亚·森关于"权利方法"的论述预判了返贫风险，也给"阻返"机制设计中关于如何考虑"权利"提供了启示。

阿马蒂亚·森认为人的发展是评判发展的核心和焦点，人的发展包括人的健康、教育水平等，财富、收入、技术进步等物质财富增长是为人的发展服务的。贫困的关键是能力的缺失，即贫困是对人的基本可行能力的剥夺，而不仅仅是收入水平的低下。这种观点为反贫困提供了新的研究视角。"可行能力"是森判别贫困的标准。除了收入性贫困，可行能力视角也包括了非收入性贫困。

从可行能力剥夺的角度解释贫困，给予我们构建脱贫长效机制的重要启示，短期增加贫困户收入绝非反贫困政策的终极动机。增加收入是减贫的手段，而不是送贫的目的，贫困户可行能力的提升才是实现减贫的根本目标。

3.1.3 人的全面发展理论

在《共产党宣言》中，马克思阐述了关于"人的自由而全面发展理论"，每个人自由的发展是一切人的自由发展的条件。马克思在《资本论》中更明确地从政治、经济、教育和文化角度论述了人的自由而全面发展理论。"全面"既指人的知识、能力的全方位提升，也指人的自然素质与社会素质的整体提高，以及经济权利与社会权利的充分实现。马克思特别提到了教育在促进人的全面发展过程中的重要作用。马克思指出，要使他获得一定劳动的技能和技巧，成为发达的和专门的劳动力，就要有一定的教育或训练。马克思主张从儿童时期就要培养人全面发展能力，主张教育与生产劳动的相结合；教育中的理论可以用于实践生产，实践生产中的经验又可以转化为教育资源，教育与生产共同促进人全面发展。为阻返长效机制创建提供了思路。

3.2 致贫因素

经济学视角认为，贫困的成因是个人或家庭的收入不足以满足其基本需要。社会学视角认为，贫困是由于社会排斥，即老、弱、病、残等弱势群体与主流群体的脱离。政治学视角认为，贫困是由于阶级的剥夺或基本权利的缺失。总之，贫困由物质基础、政策环境以及贫困主体三方面因素共同作用的结果。

致贫的原因也是多方面的，既有个人、家庭的原因，也有社会、制度、政策的原因，自然因素与社会因素交织、历史原因与现实问题并存，多重因素的叠加使得贫困呈现出多维度的特征。连片特困地区贫困面广、贫困发生率高、贫困程度深，脱贫难度大，多维贫困状态更为突出。

3.2.1 资源禀赋与贫困

资源禀赋指一个地区拥有的各种生产要素的总和，包括土地、劳动力、资本等。资源禀赋理论起源于国际贸易，后来拓展到区域经济发展领域。Papyrakis、Gerlagh（2004）指出，自然资源对经济增长的阻碍作用大于促进作用时，"资源诅咒"学说成立。Sachs、Warner（1995）同样认为自然资源通过"荷兰病"效应对经济增长产生制约，自然资源和经济增长之间存在负向关系。可见，最初学界主要研究集中在探索资源禀赋与经济增长的关系领域。

徐康宁，韩剑（2005）解释了"资源诅咒"的四种传导机制。曹子坚，张俊霞（2018）研究了资源禀赋对不同地区农村贫困的影响。建议应该利用良好的制度抑制"资源诅咒"现象。段忠贤，黄其松（2017）构建分析框架，分析了区域贫困治理的逻辑，认为技术禀赋对不同区域减贫作用均较为理想，资本要素禀赋条件和制度质量的减贫异常化效应则比较明显；制度质量与自然资源、资本和劳动力要素禀赋条件交互作用，在一定程度上产生了积极的减贫效果。

资源禀赋作为一个地区生产要素的总和，与经济增长密切相关。一般而言，资源禀赋差的地区，经济增长缺少良好要素供给，从而制约地方经济发展，继而带来该地区的贫穷与落后。但是资源禀赋不是经济发展的唯一条件，而且在资源禀赋中，不同类别的资源禀赋发挥作用的机制与效果都不尽相同。因此，需要利用良好的制度一方面探索最优资源禀赋与经济增长的发挥点对接匹配，另一方面阻断"资源诅咒"的传导。

3.2.2 社会环境与贫困

个人和家庭所处的社会环境，尤其是社会环境中不利的社会因素，是贫困的一个重要原因。贫困从经济学的角度表现为收入缺乏、资产稀缺，也就是一个家庭消费的不足以及应对风险能力的低下。因资源缺乏而引发的贫困，社会学将其称为"剥夺"，即"deprivation"或者"missing-out"。"deprivation"同样具有贫困的解释，它是贫困测量的重要指标，帮助我们识别谁是被剥夺者，即谁是扶贫对象；需要多少收入才能摆脱被剥夺的状态，即贫困线的划定。除了资源缺乏引起的剥夺之外，"社会排斥"也是一个很重要的衡量贫困的概念。社会排斥强调的是个人与社会整体之间的断裂，也就是哪些人是被排斥在社会福利制度之外，没有被社会保障体系覆盖的人。

1974年，法国学者维莱·勒内（Rene Lenior）估计当时法国有大约十分之一的人，包括残疾人、精神病患者、单亲等构成了一个没有被传统的社会保障体系所覆盖的弱势群体，称为社会排斥者，首次提出了"社会排斥"这一概念。1997年，英国设立了社会排斥局，从资源排斥、劳动力市场排斥、服务排斥和社会关系排斥等多个维度关注社会排斥问题。此后，社会排斥的概念逐渐被更多国家所采纳，社会排斥现象的原因大部分基于制度因素，包括社会福利制度、劳动力市场制度、民主和法律制度。我国还存在着弱势群体，比如因放贷管理难，被收缩信贷的农村居民；没有户籍，无法参与社会保险的人口；城乡隔离的教育、医疗导致的失学的儿童等。

社会环境使人们更加关注贫困的本质和原因，资源的剥夺体现了贫困的经济不足原因，社会排斥让我们反思到了社会制度对贫困的影响。

3.2.3 个体因素与贫困

从个体因素的角度来思考贫困，贫困可以视为个人基本能力的被剥夺。马克思阐述了要"实现人的全面、自由、和谐发展"的全面发展理论。罗尔斯（John Bordley Rawls）在其《正义论》一书中批判了功利主义理论宣称的"健全的社会政策的目的在于福祉的最大化"这一只看重福祉总水平，而漠视福祉分配形式的错误思想。罗尔斯认为收入、财富、自由、机会、自尊等社会基本价值应该要平等地分配，这是公民的社会经济权利。阿马蒂亚·森在罗尔斯的理论基础上，认为贫困不仅仅是收入低下，而是个人基本能力（basic capabilities）的被剥夺，将贫困定义的逻辑做了进一步延伸。迪安（H.Dean, 2009）对森的观点进行了总结，他指出，我们对商品的需要是相对的。王小林（2010）等基于这一思路，测算了老年人要实现与别人相同功能的额外生活成本，以及在定义儿童贫困时残疾儿童、孤儿需要将收入转化为能力的障碍。

从个体因素，即从个人可行能力角度审视贫困。一是把注意力从反贫困的手段，比如增收，转向到反贫困的目标，即生活质量的提升，从而加强了我们对致贫原因更深层次的认识。引导我们探索低收入与低能力之间的工具性联系。二是将贫困与不平等进行密切深入的联系，为我们探讨分配对贫困的影响，提供包容性增长奠定了理论基础。

3.3 "连片特困"的生成

3.3.1 连片特困地区的发展特征

我国14个特困地区或位于各省（自治区、直辖市）交界位置，或处于陆地边境地区，远离省会城市及发达地区，经济基础薄弱，生态环境、自然资源及产业发展、基础设施条件具有一定的相似性，因而也面临着相似的发展困境，包括很多共同的致贫因素。从总体看，具有以下七个特征。

第一，连片特困地区地广人稀，地形地貌复杂，自然灾害频繁，属于地质灾害高发区。如六盘山区水土流失严重，大兴安岭南麓山区气候寒冷，吕梁山区土壤贫瘠，南疆三地州大部分地区是沙漠、戈壁，滇桂黔石漠化区更是有"生态癌症"之称。连片特困地区同时也是国家的重要生态功能区。如四省藏区是大江大河的发源地，燕山—太行山区是京津风沙源地和水源地。担负着生物多样性保护以及生态屏障的职能，资源开发受限制。

第二，连片特困地区国境线漫长，具有重要的战略地位。滇西边境山区，有18个陆地边境县，与越南、老挝等多国接壤，且多数边境地段无天然屏障。南疆三地州有8个陆地边境县，西藏地区、大兴安岭南麓山区也均处边境地区。肩负着保卫和巩固边防的重要任务，开发受一定限制。

第三，连片特困地区少数民族人口占比高。如四省藏区77个县全部是民族县，滇桂黔石漠化区有73个民族县，是瑶、壮等少数民族聚集区。滇西边境山区有46个民族县；六盘山区有20个民族县。武陵山区有34个民族县，乌蒙山区是彝族、苗族等少数民族的主要聚集区，有13个民族县。大兴安岭南麓山区有5个民族县。民族文化丰富多彩，但是部分行为规范和因袭惯例长期内化形成了一种特有的"贫困文化"，从深层次影响其生产、生活水平的提高。

第四，连片特困地区是革命老区县相对集中的地区。吕梁山区有20个县全属于革命老区县，六盘山区、秦巴山区、武陵山区、滇桂黔石漠化区、燕山—太行山区、大别山区、罗霄山区也是革命老区县集中的地区。

第五，经济总量小，城镇化进程落后。14个连片特困地区2010年地区生产总值22778.8亿元，占全国GDP的5.5%。2017年，14个连片特困地区生产总值49431亿元，占全国GDP的5.6%。虽然地区生产总值年均增长9.96%，超了同期全国增速，但经济总量仍然很小。同时，工业化、城镇化进程落后。2010年，14个连片特困地区乡村人口20371.5人，占同期总人口的83.96%。2011年，14个连片特困地区三产比为25.2∶41.5∶33.3；2017年，三产比达22.5∶38.1∶39.4，城镇化率仍显著低于全国水平。

第六，连片特困地区农民收入水平仍然很低。2010年，14个连片特困地区农村居民人均纯收入[1]3331元，是全国平均水平5919元的56.28%。到2017年，农村居民人均可支配收入达到9264元，相当于全国农村平均水平的69.0%；农

---

[1] 从2012年，连片特困地区开始使用农村常住居民人均可支配收入，以前为人均纯收入。

村居民人均消费支出7915元，占人均可支配收入的比重为85.4%。城乡居民储蓄余额15437.4亿元，仅占全国5.08%，人均储蓄余额只有6643.23元。可以看出，连片特困地区收入的增速较快，与全国差距在缩小，但农民收入水平仍然较低。

第七，连片特困地区贫困面广，问题严峻。2011年，14个连片特困地区有贫困人口6035万人，占当年全国贫困人口的36.43%；2017年，14个连片特困地区有贫困人口1540万人，占当年全国贫困人口的50.55%。由此可见，连片特困地区是典型的"老少边穷"地区，虽然贫困人口在逐年减少，但到2017年贫困人口占全国贫困人口的比例却在增加。充分证明了连片特困地区贫困的深度与强度，连片特困地区贫困除了脆弱性之外，在演绎变化中还呈现出持续性和动态化的新特征。随着扶贫工作的不断推进，连片特困地区正是最艰难的攻坚区。不仅贫困面广、程度深、脱贫难，而且贫困脆弱性强、易返贫。

3.3.2 生计资本与可行能力欠缺造成深度贫困

阿马蒂亚·森（2011）从可行能力的角度定义了贫困。从长期来看，可行能力包括一个人的受教育程度、社会资源等；从短期来看，可持续生计是个人可行能力的一个重要反映。可持续生计于20世纪90年代被引入贫困领域，指个人或家庭为改善长远生活状况而拥有的谋生能力、资本和活动。学者们根据可持续生计理论，通过搭建可持续生计框架，多角度分析致贫原因，有针对性地提出解决方案。2000年，英国国际发展署（DFID）设计出农户可持续生计框架，认为农户家庭的采用的生计策略类型由其持有的核心生计资本决定，生计策略导致某种生计结果，该结果又反过来影响资产的结构。目前被广泛采用的生计概念由三模块构成，分别是可行能力（capabilities）、资本（assets）和活动（activities），三模块概念由钱伯斯（Chambers）于1992年提出，后经补充完善，形成了目前5类生计资本框架：物质资本、人力资本、金融资本、社会资本、自然资本。其中，物质资本指公共基础设施和基本生产资料；人力资本指人的健康、智力水平与技能能力；金融资本指筹措借贷资金的能力；社会资本指贫困户可以利用的社会资源；自然资本指生态资本、土地质量等。

可行能力是影响贫困程度的决定性因素。地理位置、交通等恶劣的自然条

表 3-1 连片特困地区 2010 年人口及收入状况表

名称	总人口/万人	占全国人口/%	乡村人口	乡村人口占总人口比重/%	地区生产总值/亿元	占全国总量/%	地区预算内财政收入/亿元	占全国总量/%	人均地区生产总值	农民人均纯收入/元	与全国平均水平相比[1]/%	城乡居民储蓄余额/亿元	占全国总量/%	人均居民储蓄余额/元
六盘山区	2125.4	1.6	1835	0.86	1769	0.4	54.3	0.07	8323.14	3037	51.3	1325	0.44	6234.12
秦巴山区	3556	2.7	2958	0.83	3682	0.9	155.5	0.19	10354.33	3454	58.4	2798	0.92	7868.39
武陵山区	3418.9	2.5	3009.5	0.88	3088.1	0.8	153.8	0.19	9032.44	3347	56.5	2231	0.74	6525.49
乌蒙山区	2287	1.7	2001.4	0.88	1651.1	0.4	106.7	0.13	7219.50	3209	54.2	905.7	0.30	3960.21
滇桂黔石漠化区	2935.2	2.2	2589.1	0.88	2386.5	0.6	138.3	0.17	8130.62	3279	55.4	1349.6	0.44	4597.98
滇西边境山区	1521	1.1	1341.8	0.88	1392.7	0.3	87.1	0.1	9156.48	2936	49.6	918.7	0.30	6040.11
大兴安岭南麓山区	706.7	0.5	504.8	0.71	815.6	0.2	28.0	0.03	11540.97	3228	54.5	369.2	0.12	5224.28
燕山—太行山区	1097.5	0.8	917.6	0.84	1308.7	0.3	53.5	0.06	11924.37	3160	53.4	1187.0	0.39	10815.49
吕梁山区	402.8	0.3	340.4	0.85	397.2	0.1	14.7	0.02	9860.97	2742	46.3	254	0.08	6305.86
大别山区	3657.3	2.7	3128	0.86	3297.4	0.8	102.3	0.12	9015.94	4229	71.4	2193.8	0.72	5998.41
罗霄山区	1105.4	0.8	935.8	0.85	1108.8	0.3	66.8	0.08	10030.76	3518	59.4	939.3	0.31	8497.38
南疆三地州	635.8	0.5	403.6	0.63	498.3	0.1	27.5	0.03	7837.37	3183	53.8	288.9	0.1	4543.88
四省藏区	525	0.4	185.5	0.35	942	0.2	54.3	0.07	17942.86	3057	51.6	450.8	0.15	8586.67
西藏地区	290	0.2	221	0.76	441.4	0.1	30.1	0.04	15220.69	4253	71.9	226.4	0.07	7806.90
合计	24264	18	20371.5	83.96	22778.8	5.5	1072.9	1.3				15437.4	5.08	

[1] 2010 年全国平均水平 5919 元。

件，既制约了经济发展，也制约了教育的进步，物质、人力、金融、社会、自然五种生计资本都受到影响，生计资本的弱化必然带来个人可行能力的欠缺。个人或家庭的生计资本受损，形成暂时性贫困，生计资本贬值或生计资本转化失灵进一步剥夺其可行能力，使贫困程度进一步加深，暂时性贫困转向深度贫困，继而，造成贫困的扩展与代际传递。

3.3.3 人、地、业的不协调带来连片贫困

"连片贫困"贫困表现为区域连片的深度贫困。具体来说，贫困人口占比高、贫困发生率高、人均可支配收入低、基础设施和住房差、低保、五保贫困人口脱贫任务重。与连片贫困地区自然条件、地理位置、资源禀赋劣势的空间地域高度耦合。区域连片的深度贫困，其形成不仅遵循一般贫困的发生规律，同时也具备自身再生产的独特逻辑。

借助学术界"人地关系地域系统理论"，连片贫困表现为人、地、业之间的不协调。这一不协调的过程正是连片贫困的生成过程。第一，连片贫困地区中"人"的贫困。最初，由于灾害等某种冲击导致连片贫困地区的个人或家庭的生计资本受损，可行能力降低，形成家庭的暂时性贫困，在区域竞争处于弱势地位，继而，生计资本转化失灵，反过来进一步剥夺其可行能力，使现有生计资本贬值，导致贫困程度进一步加深，由起初的暂时性贫困向深度贫困转变。同时，在外部效应的作用下，个体贫困逐步向群体贫困扩展，形成群体性深度贫困，最终，贫困文化导致贫困的代际传递。第二，"地"的深度贫困。薄弱的资源禀赋、脆弱的生态环境等因素，使得贫困地区开发难度大、成本高，封闭与锁定使得人和业陷入空间性深度贫困。第三，"业"的深度贫困。业是人的生计资本和可行能力实现的载体和通道，业的封闭与锁定导致产业无法形成有机互补的链条，抵御风险能力弱，人的生计资本转化失灵，陷入经济型贫困。

人、地、业互构造成深度贫困的区域，连片贫困具有最大的治理难度，将成为当前精准扶贫的"坚中之坚"。

3.4 小结

贫困的成因复杂，致贫因素有许多，这些致贫因素既包含个人因素，也包含资源、文化等因素。连片贫困的形成是时间的长期积累和空间的相对封闭造成的，连片贫困地区长期以来闭塞的时空结构致使贫困深深嵌入当地人民生活。一方面脱贫难，另一方面可持续的生计能力难以形成，加之人地业的不协调，就使连片贫困地区抵御风险能力弱，极易返贫，卷入贫困陷阱，难以实现长效可持续脱贫。解决"连片贫困"需要全面解析贫困个体的发展目标与需求，分析贫困个体与外部环境建构过程中的互动作用。以破除贫困陷阱，实现高效脱贫、可持续脱贫，为贫困人口及贫困地区长效发展创造条件。

贫困是一个复杂的社会现象，连片贫困地区脱贫长效机制的确立建立在对贫困程度、脱贫成效进行测评判断的基础之上。为此，构建"理论基础—机理分析—实证检验"的研究框架如下，见图3-1。

第一，对"连片贫困地区"贫困程度进行精准判断。即对贫困进行测量，要对贫困进行测量，就必须将贫困的定义转化为测量贫困的标准。

第二，对"连片贫困地区"脱贫成效进行评价。脱贫成效与贫困测量密切相关，贫困测量是脱贫成效评价的参照标准，是进行比较分析的基础。采用多种方法进行多维度的脱贫成效的评价，能够及时发现问题，总结经验，从而调整政策，以利于更好地脱贫。

第三，"连片贫困地区"脱贫成效测评。梳理"连片贫困地区"贫困的时空演变趋势，分析其脱贫现实困境。探索"返贫"原因以及影响脱贫成果巩固，制约脱贫效果可持性的变量与因素。

第四，返贫问题调查。对样本区近年来脱贫农户返贫状况进行调查，分析返贫原因，评价扶贫政策成效。同时，构建脱贫农户风险监测及预警系统，对贫困地区脱贫农户返贫风险监测及预警提供参考。

第五，"连片贫困地区"阻返机制及防贫长效机制的建立。在之前理论建构的基础上，根据实证研究发现的问题，改进现行制度，优化现行政策。针对预测的未来贫困新问题，提早预防。微观与宏观相结合，长期与短期相结合，建立阻返机制与防贫长效机制，实现长效脱贫。

3 "连片特困"的生成机理

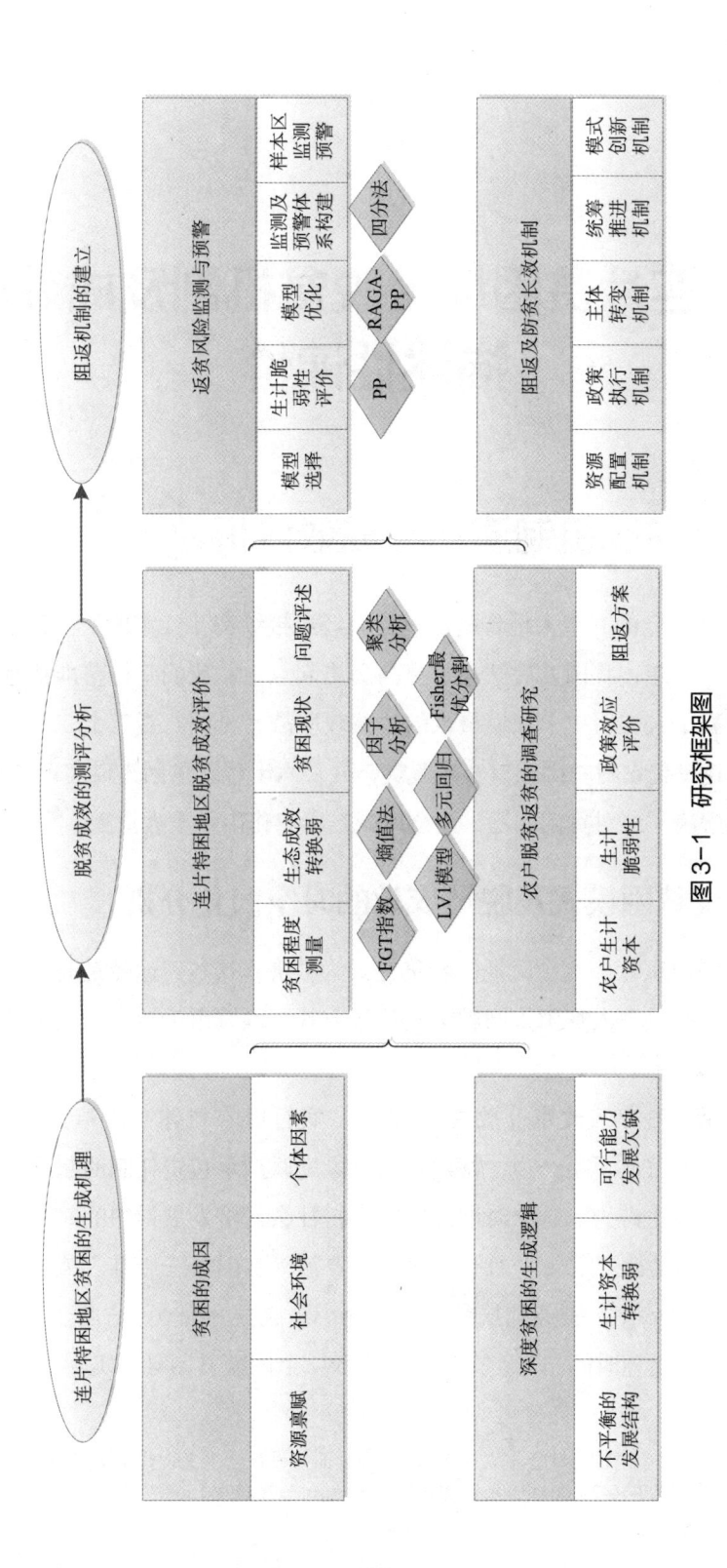

图 3-1 研究框架图

4 连片贫困地区脱贫机制及成效的描述性评价

4.1 反贫困机制演化与成效分析

2022年,党的二十大报告指出,我们经过接续奋斗,实现了小康这个中华民族的千年梦想,我国发展站在了更高历史起点上。我们坚持精准扶贫、尽锐出战,打赢了人类历史上规模最大的脱贫攻坚战,全国八百三十二个贫困县全部摘帽,近一亿农村贫困人口实现脱贫,九百六十多万贫困人口实现易地搬迁,历史性地解决了绝对贫困问题,为全球减贫事业作出了重大贡献。[1]

4.1.1 反贫困模式及脱贫成效的时空演化分析

1948—1978年,这个时期的扶贫方式为救济式扶贫。途径是通过农村土地制度改革,针对个人贫困采取救济式扶贫方式,以城市为导向,城乡二元分割逐渐形成。

1978—1993年,改革开放之后20年,实行以农村体制改革为主的扶贫。农村体制改革解放了生产力,特别是农村家庭联产承包责任制的制度创新极大地解放了农村生产力。这个时期是中国农村社会经济发展最快的时期。邓小平提出"贫穷不是社会主义""社会主义就是要消灭贫困""三步走"战略等一系列重要论断。1986年,国务院扶贫开发领导小组成立,确立了"两步走"到"三步走"的贫困治理时间布局,全国划定了592个国家贫困县,实施"重点扶持、

---

[1] 习近平. 高举中国特色社会主义伟大旗帜 为全面建设社会主义现代化国家而团结奋斗 [N]. 人民日报, 2022-10-26(001).DOI:10.28655/n.cnki.nrmrb.2022.011568.

集中开发"的扶贫战略,开展了政府有组织有计划的扶贫工作,第一次有计划、有组织的指导农村扶贫开发。这一阶段,减贫的主要动力是经济增长带来的"涓滴效应"。中国农村绝对贫困人口从1978年的2亿5000万人,下降到1992年的8000万人,贫困发生率从30.7%下降到8.8%,见表4-1。

表4-1 1979—1992年贫困人口及贫困发生率

年份	1978	1980	1981	1982	1983	1984	1985	1986	1987	1988	1989	1990	1991	1992
贫困人/万人	25000	22000	15200	14500	13500	12800	12500	13100	12200	9600	10200	8500	9200	8000
贫困发生率/%	30.7	26.8	18.5	17.5	16.2	15.1	14.8	15.5	14.3	11.1	11.6	9.4	10.4	8.8

注:数据来源《中国农村贫困监测报告2017》,贫困人口及贫困率按1978年标准统计。

1994—2000年,反贫困模式是以经济增长效应带动的攻坚式扶贫。《国家八七扶贫攻坚计划(1994—2000)》出台后,农村减贫工作进展显著。农业生产结构由单一种植业改善为种养业协调发展,乡镇企业迅猛发展,增加了农民收入,带来了农村经济结构的重大变化。按照1978年收入贫困线标准,1994年至2000年,贫困人口数量从7 000万人减少到3 209万人,见表4-2。

表4-2 1994—2000年贫困人口及贫困发生率

年份	1994	1995	1997	1998	1999	2000
贫困人/万人	7000	6540	4962	4210	3412	3209
贫困发生率/%	7.7	7.1	5.4	4.6	3.7	3.5

注:数据来源《中国农村贫困监测报告2017》,贫困人口及贫困率按1978年标准统计。

1978—1999年,短短21年,农村居民人均纯收入增长了15.5倍,年平均增长15%。消费水平全面提高,农村居民生活消费结构序列发生了大幅度变化,基本生存型的吃、穿、住、用品及其他这五项指标中,文化娱乐用品、服务性支出及其他支出比重显著提高(见表4-3)。这一时期,经济增长的"涓滴效应"在脱贫中发挥了较大的作用。

表4-3 1978—1999年农村居民消费结构对比

年份	吃	穿	住	文化娱乐用品及其他支出
1978	67.7%	12.7%	12.7%	9.3%
1999	52.6%	5.8%	14.8%	26.8%

《中国农村扶贫开发纲要（2001—2010年）》出台后，扶贫的焦点从贫困县进一步下沉到贫困村。2007年开始在全国农村建立最低生活保障制度，整村推进加政策兜底，双管齐下解决农村不同类别贫困人口贫困问题。按照收入贫困线"2008年标准"，2000年至2010年，贫困人口数量减少6734万人。

表4-4 2000—2010年贫困人口及贫困发生率

年份	2000	2001	2002	2003	2004	2005	2006	2007	2008	2009	2010
贫困人/万人	9422	9029	8645	8517	7587	6432	5698	4320	4007	3597	2688
贫困发生率/%	10.2	9.8	9.2	9.1	8.1	6.8	6	4.6	4.2	3.8	2.8

注：数据来源《中国农村贫困监测报告》，贫困人口及贫困率按2000年标准统计

随着《中国农村扶贫开发纲要（2011—2020年）》的制定颁布，2011年成为扶贫开发史上一个重要的转折年，在这一阶段国家制定了三大战略举措加快推进反贫困进程。一是打破行政区划，确定了14个连片贫困地区作为扶贫攻坚主战场，扶贫开发针对性更强。二是把扶贫开发纳入全面建成小康社会的战略布局。三是实施精准扶贫、精准脱贫战略，将扶贫的对象从区域转变为人，体现了扶贫对象的精准识别和扶贫手段的精准施策，以保障扶贫工作的精细化。

2012年至2020年，农村贫困人口累计减少9899万人；贫困发生率累计下降10.2个百分点❶。

表4-5 2011—2020年贫困人口及贫困发生率

年份	2011	2012	2013	2014	2015	2016	2017	2018	2019	2020
贫困人/万人	12238	9899	8249	7017	5575	4335	3046	1660	551	0
贫困发生率/%	12.7	10.2	8.5	7.2	5.7	4.5	3.1	1.7	0.6	0

注：数据来源《中国农村贫困监测报告2018》及国家统计局《方晓丹：2019年全国农村贫困人口减少1109万人》整理，贫困人口及贫困率按2010年标准统计。

---

❶ 国家统计局《方晓丹：2019年全国农村贫困人口减少1109万人》，http://www.stats.gov.cn/tjsj/sjjd/202001/t20200123_1724700.html。

改革开放后 40 年，我国扶贫机制经历了多次转变，工作重点不断调整。2011 年之前，以行政区划为单位，从县域扶贫到整村推进。2011 年之后，确定连片贫困地区，打破了行政边界。党的十八大之后，精准扶贫战略的扶贫对象瞄准了贫困人口，减贫工作的精准度与针对性大大增强。在第一和第二阶段，减贫的主要动力是经济增长带来的涓滴效应，第三阶段之后，收入分配发挥了更多作用，社会保障体系的作用得以充分发挥。随着扶贫工作的推进，也暴露出预期目标与具体成效之间出现偏差的一些问题。

4.1.2 整体脱贫成效评价与贫困现状

4.1.2.1 贫困发生率显著下降

按现行国家农村贫困标准测算，至 2019 年末，全国剩余农村贫困人口 551 万人，贫困发生率 0.6%，2019 年各省贫困发生率普遍下降至 2.2% 及以下。改革开放 40 年来，我国累计减贫近 7.65 亿人。我国历年贫困人口变化图（见图 4-1）展示了 3 次贫困线标准下贫困人口数量变化情况。

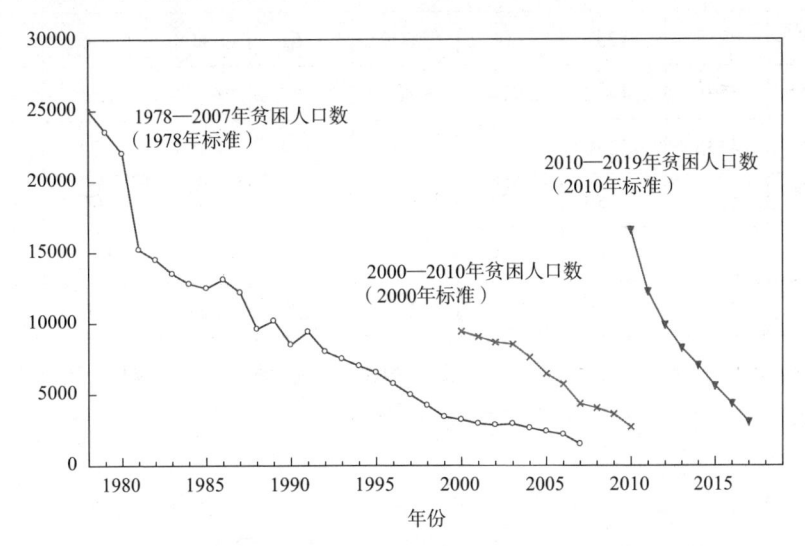

图 4-1 我国 1978—2019 年贫困人口变化示意图（单位：万人）

数据来源：根据《中国农村贫困监测报告 2018》及国家统计局《方晓丹：2019 年全国农村贫困人口减少 1109 万人》整理。

受自然、历史等因素影响,我国贫困区域性差距大,中西部贫困表现突出。东部地区已经率先基本脱贫,中西部地区农村贫困人口明显减少,贫困发生率显著下降[1]。2019年末,东部地区农村贫困人口47万人,中部地区农村贫困人口181万人,西部地区农村贫困人口323万人。分省份看,其中,贫困发生率在1%~2.2%的省份有7个,包括广西、贵州、云南、西藏、甘肃、青海、新疆;贫困发生率在0.5%~1%的省份有7个,包括山西、吉林、河南、湖南、四川、陕西、宁夏,见表4-6。

表4-6 2010—2019年全国农村减贫情况

年份	贫困人口/万人							
	全国	逐年变化	西部	逐年变化	中部	逐年变化	东部	逐年变化
2010	16567	—	8429	—	5551	—	2587	—
2011	12238	-4329	6345	-2084	4238	-1313	1655	-932
2012	9899	-2339	5086	-1259	3446	-792	1367	-288
2013	8249	-1650	4209	-877	2869	-577	1171	-196
2014	7017	-1232	3600	-609	2461	-408	956	-215
2015	5575	-1442	2914	-686	2007	-454	653	-303
2016	4335	-1240	2251	-663	1594	-413	490	-163
2017	3046	-1289	1634	-617	1112	-482	300	-190
2018	1660	-1386	916	-718	597	-515	147	-153
2019	551	-1109	323	-593	181	-416	47	-100

数据来源:根据《中国农村贫困监测报告2018》及国家统计局《方晓丹:2019年全国农村贫困人口减少1109万人》整理。

---

[1] 东部地区:北京、天津、河北、辽宁、上海、江苏、浙江、福建、山东、广东、海南等11个省(直辖市)。
中部地区:包括山西、吉林、黑龙江、安徽、江西、河南、湖北、湖南等8个省份。
西部地区:包括内蒙古、广西、重庆、四川、贵州、云南、西藏、陕西、甘肃、青海、宁夏、新疆等12个省(区、直辖市)。

4.1.2.2 贫困地区农村居民人均可支配收入增速继续高于全国农村增速

城镇和农村居民收入消费对比情况表（表4-7、表4-8）详细展示了2013年至2019年我国居民人均可支配收入、居民人均消费支出的变化。2014—2019年，贫困地区农村居民人均可支配收入平均年增长11.23%，实际增速比全国农村平均增速高2.01个百分点，比全国城镇平均增速高3.06个百分点。2014—2018年，贫困地区农村居民人均消费支出年平均增长10.66%，实际增速比全国农村平均增速高0.44个百分点，比全国城镇平均增速高3.52个百分点。2019年贫困地区农村居民人均可支配收入是全国农村平均水平的72.2%，比2013年提高7.7个百分点。2018年贫困地区农村居民人均可支配收入是全国农村平均水平的71.0%，比2013年提高7个百分点，与全国农村平均水平的差距进一步缩小，但支出差距缩小的幅度小于收入差距缩小的幅度。

表4-7 城镇和农村居民收入消费绝对值对比情况

年份	居民人均可支配收入						居民人均消费支出/元					
	城镇	增速	农村	增速	贫困地区农村	增速	城镇	增速	农村	增速	贫困地区农村	增速
2013	26467	—	9430	—	6079	—	18488	—	7485	—	5404	—
2014	28844	9.0	10489	11.2	6852	12.7	19968	8.0	8383	12.0	6007	11.2
2015	31195	8.2	11422	8.9	7653	11.7	21392	7.1	9223	10.0	6656	10.8
2016	33616	7.8	12363	8.2	8452	10.4	23079	7.9	10130	9.8	7331	10.1
2017	36396	8.3	13432	8.6	9377	10.5	24445	5.9	10955	8.1	7998	9.2
2018	39251	7.8	14617	8.8	10371	10.6	26112	6.8	12124	10.7	8956	12.0
2019	42359	7.9	16021	9.6	11567	11.5	28063	7.5	13328	9.9	—	—

数据来源：根据国家统计局年度数据及《中华人民共和国2019年国民经济和社会发展统计公报》整理。

表4-8 城镇和农村居民收入消费增速对比情况 ❶

年份	居民人均可支配收入增速 / %			居民人均消费支出 / %			恩格尔系数 / %		
	城镇	农村	贫困地区农村	城镇	农村	贫困地区农村	城镇	农村	贫困地区农村
2013	—	—	—	—	—	—	30.1	34.1	—
2014	9.0	11.2	12.7	8.0	12.0	11.2	30.0	33.6	36.6
2015	8.2	8.9	11.7	7.1	10.0	10.8	29.7	33.0	36.2
2016	7.8	8.2	10.4	7.9	9.8	10.1	29.3	32.2	35.0
2017	8.3	8.6	10.5	5.9	8.1	9.2	28.6	31.2	33.6
2018	7.8	8.8	10.6	6.8	10.7	12.0	27.7	30.1	31.4
2019	7.9	9.6	11.5	7.5	9.9	—	27.6	30.0	—

数据来源：根据国家统计局年度数据及《中华人民共和国2019年国民经济和社会发展统计公报》整理

4.1.2.3 农村居民生产生活条件提升

根据国家统计局发布的《中国农村贫困监测报告2019》显示，2018年，贫困地区居住竹草土坯房的农户比重比2013年下降5.1个百分点。79.8%的农户使用管理供水，比2013年增加26.2个百分点。独用厕所的农户比重从2013年的92.7%达到95.9%，炊用柴草的农户比重39.2%，比2013年下降39.4个百分点。贫困地区农户耐用消费品数量也在提升，百户汽车、洗衣机、电冰箱、移动电话、计算机拥有量从2013年的5.5%、65.8%、52.6%、172.9%、7.9%上升到2018年的19.9%、86.9%、87.1%、257.8%、17.1%。农村居民生产生活条件得到提升。

农村基础设施和公共服务显著改善。2019年，贫困地区所在自然村全部通硬化路，农网供电可靠率达到99%；自然村都有卫生室和村医，深度贫困地区贫困村通宽带比例达到98%；10.8万所义务教育薄弱学校的办学条件得到改善。2013年至2018年，能接收有线电视信号的农户比重从79.6%提升至98.3%，进

---

❶ 2013年前农村居民收支数据来源于独立开展的农村住户抽样调查，2013年及以后数据来源于城乡一体化住户收支与生活状况调查，调查范围、调查方法、指标口径有所不同。故只列举了2013年以后的数据。

村主干道路硬化的农户比重从 88.9% 提升至 98.3%，能便利乘坐公共汽车的农户比重从 56.1% 增加到 71.6%。2018 年，所在自然村垃圾能及时处理的农户比重 78.9%，比 2013 年增加 49.0%；所在自然村有卫生站的农户比重 93.2%，上幼儿园便利的农户比重 87.1%，上小学便利的农户比重 89.8%，分别比 2013 年增加 8.8%、15.7%、10.0%。农村基础设施和公共服务水平显著改善。

4.1.3 减贫趋势预测及问题分析

4.1.3.1 减贫趋势预测

选择残差平方和与均方根误差最小的 Holt-Winter 非季节模型，采用指数平滑法，对未来 3 年贫困人口及贫困发生率进行预测。

平滑序列计算公式如下：

$$\hat{y}_{t+k} = a_t + b_t K \quad (4-1)$$

对所有 $k \geq 1$ 式中，

$$a_t = \alpha y_t + (1-\alpha)(a_{t-1} - b_{t-1}) \quad (4-2)$$

$$b_t = \beta(a_t - a_{t-1}) + (1-\beta)b_{t-1} \quad (4-3)$$

如果 $t = T$，预测模型为

$$\hat{y}_{T+k} = a_T + b_T K \quad (4-4)$$

表 4-9　2010—2019 年农村减贫情况预测结果

	全国	西部	中部	东部
Parameters: Alpha Beta	1.0000 0.4977	1.0000 0.6000	1.0000 0.5500	1.0000 0.3100
Sum of Squared Residuals	7991178	1736740	659702.7	532276.2
Root Mean Squared Error	893.9339	416.7421	256.8468	230.7111
End of Period Levels: Mean Trend	551.0000 −1246.793	323.0000 −631.5938	181.0000 −451.0436	47.00000 −181.8460

贫困人口预测方程及结果如下：

$$\hat{y}_{T+k1} = 551 - 1246.79 k_1 \quad (4-5)$$

$$\hat{y}_{T+k2} = 323 - 631.59 k_2 \quad (4-6)$$

$$\hat{y}_{T+k3} = 181 - 451.04k_3 \quad (4-7)$$

$$\hat{y}_{T+k4} = 47 - 181.85k_4 \quad (4-8)$$

公式（4-5）至公式（4-8）表示全国、西部、中部以及东部地区的贫困人口预测公式，由此可得到2010—2020年全国农村贫困情况数据，如表4-10所示。

表4-10 2010—2020年贫困人口预测

单位：万人

年份	贫困人口							
	全国实际值	全国预测值	西部实际值	西部预测值	中部实际值	中部预测值	东部实际值	东部预测值
2010	16567	16567.00	8429	8429.00	5551	5551.00	2587	2587.00
2011	12238	14368.60	6345	7326.00	4238	4842.20	1655	2200.20
2012	9899	9017.03	5086	4653.42	3446	3196.91	1367	1099.19
2013	8249	7101.33	4209	3653.96	2869	2541.90	1171	894.21
2014	7017	6002.15	3600	3109.97	2461	2144.79	956	784.02
2015	5575	5257.22	2914	2794.98	2007	1910.70	653	622.33
2016	4335	3967.74	2251	2180.39	1594	1509.66	490	328.84
2017	3046	2904.00	1634	1559.75	1112	1143.04	300	215.80
2018	1660	1683.15	916	987.30	597	643.97	147	51.90
2019	551	286.04	323	226.52	181	103.14	47	-71.62
2020	—	-695.79	—	-308.59	—	-270.04	—	-134.85

4.1.3.2 存在问题分析

根据对贫困的宏观考量以及减贫趋势预测，得出结论如下。

（1）目标能够如期完成。按照现行进程，2020年全国整体贫困人口、西部、中部和东部地区贫困人口都会下降到0以下，区域性整体绝对贫困将消除，脱贫攻坚目标能够如期实现。以公共政策为核心的政府减贫行动，以及以效率为核心的市场机制在贫困治理过程中，展现出了强劲的助力。

（2）实现程度存在显著差异。2010—2020年全国及东部、西部、中部地区贫困人口实际值及预测值对照情况（图4-2）展示了地区实现程度差异。第一，地区贫困程度不同：东部地区最轻，贫困人口以及贫困发生率最低，西部地区最严重，贫困人口最多，贫困发生率最高。第二，减贫速度不同，西部地区减贫速度最快，东部地区最慢，中部地区居于中间水平。原因在于东部地区经济发达，贫困程度轻，西部地区底子最薄、贫困面积最大。贫困地区减贫速度快反映国家扶贫政策充分发挥了效应。

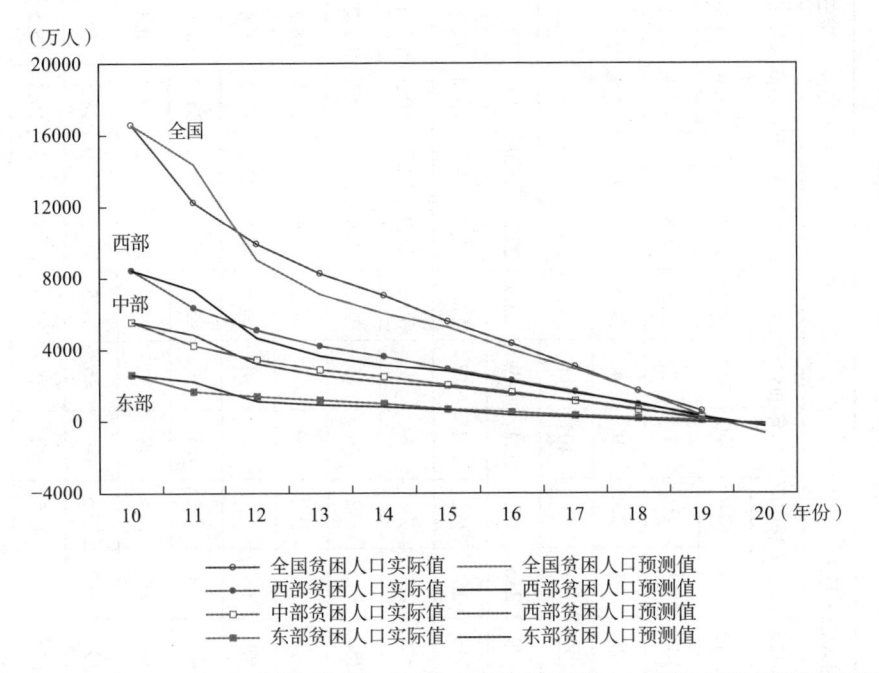

图4-2 2010—2020年全国及东部、西部、中部地区贫困人口实际值及预测值对照图

4.2 连片贫困地区贫困状况及脱贫情况

4.2.1 贫困面逐年收窄

连片贫困地区农村贫困人口及贫困发生率逐年下降，贫困面逐年快速收窄。14个连片贫困地区的农村贫困人口从2011年的12238万人，下降到2018年的1660万人，7年间，减贫10578万人，平均每年减贫1511万人。农村贫困发生

表 4-11 连片贫困地区 2011—2019 年农村贫困人口及贫困发生率

时间	农村贫困人口 / 万人									农村贫困发生率 / %								
	2011年	2012年	2013年	2014年	2015年	2016年	2017年	2018年	2019年	2011年	2012年	2013年	2014年	2015年	2016年	2017年	2018年	2019年
全部片区	12238	9899	8249	7017	5575	4335	3046	1660	313	29.0	24.4	20.0	17.1	13.9	10.5	7.4	4.5	1.5
罗霄山区	206	175	149	134	102	73	49	31	9	22.0	18.8	15.6	14.3	10.4	7.5	5.0	3.2	1.0
大兴安岭南麓山区	129	108	85	74	59	46	35	19	4	24.1	21.1	16.6	14.0	11.1	8.7	6.6	3.5	0.7
燕山—太行山区	223	192	165	150	122	99	71	40	11	24.3	20.9	17.9	16.8	13.5	11.0	7.9	4.5	1.2
武陵山区	793	671	543	475	379	285	188	111	49	26.3	22.3	18.0	16.9	12.9	9.7	6.4	3.8	1.7
秦巴山区	815	684	559	444	346	256	172	101	27	27.6	23.1	19.5	16.4	12.3	9.1	6.1	3.6	1.0
吕梁山区	104	87	76	67	57	47	29	16	5	30.5	24.9	21.7	19.5	16.4	13.4	8.4	4.6	1.4
六盘山区	642	532	439	349	280	215	152	96	45	35.0	28.9	24.1	19.2	16.2	12.4	8.8	5.6	2.6
乌蒙山区	765	664	507	442	373	272	199	124	41	38.2	33.0	25.2	21.5	18.5	13.5	9.9	6.2	2.0
四省藏区	206	161	117	103	88	68	51	30	10	42.8	38.6	27.6	24.2	16.5	12.7	9.5	5.6	1.8
西藏地区	106	85	72	61	48	34	20	13	4	43.9	35.2	28.8	23.7	18.6	13.2	7.9	5.1	1.4
大别山区	647	566	477	392	341	252	173	99	32	20.7	18.2	15.2	12.0	10.4	7.6	5.3	3.0	102
滇桂黔石漠化区	816	685	574	488	398	312	221	140	36	31.5	26.3	21.9	18.5	15.1	11.9	8.4	5.3	1.4
滇西边境山区	424	335	274	240	192	152	115	72	28	31.6	24.8	20.5	19.1	15.5	12.2	9.3	5.8	2.3
南疆三地州	159	122	104	99	90	73	64	42	12	38.7	33.6	20.0	18.8	15.7	12.7	9.1	5.9	1.7

率从2011年的29.0%下降到2018年的4.5%，减少24.5个百分点，平均每年减少3.5个百分点。表4-11列示了2011—2019年连片贫困地区整体以及14个连片贫困地区各自的农村贫困人口及贫困发生率变化情况，见表4-11。

4.2.2 居民人均收支持续增长

连片贫困地区农村常住居民收入消费水平逐年提高，收入消费结构逐年改善。连片贫困地区农村常住居民人均可支配收入从2014年的6724元，增加到2018年的10260元，4年时间增长52.59%。人均消费支出从2014年的5898元，增加到2018年的8854元，4年时间增长50.12%。工资性收入从2014年占比32.5%，增加到2018年的34.6%，占比上升。人均消费支出中食品支出从2014年的37.4%到2018年的31.5%，占比下降，实现恩格尔系数值减少，表明农村居民生活好转。表4-12列示了2014—2018年连片贫困地区农村常住居民的收入消费结构。连片贫困地区农村常住居民人均可支配收入增速从2015—2018年分别为11.91%、10.94%、10.97%和10.75%，超过了全国平均水平。

表4-12 连片贫困地区2014—2018年农村常住居民收入消费结构

指标名称	收入消费水平/元					收入消费结构/%				
	2014年	2015年	2016年	2017年	2018年	2014年	2015年	2016年	2017年	2018年
一、人均可支配收入	6724	7525	8348	9264	10260	100	100	100	100	100
1.工资性收入	2188	2503	2846	3163	3550	32.5	33.3	34.1	34.1	34.6
2.经营净收入	3019	3264	3429	3715	3915	44.9	43.4	41.1	40.1	38.2
(1)一产净收入	2439	2565	2647	2777	2767	36.3	34.1	31.7	30	27
(2)二、三产净收入	580	699	782	938	1148	8.6	9.3	9.4	10.1	11.2
3.财产净收入	70	84	97	111	128	1.0	1.1	1.2	1.2	1.3
4.转移净收入	1446	1674	1976	2274	2666	21.5	22.2	23.7	24.6	26
二、人均消费支出	5898	6573	7273	7915	8854	100	100	100	100	100
1.食品烟酒	2205	2428	2575	2693	2790	37.4	36.9	35.4	34	31.5
2.衣着	358	392	414	443	476	6.1	6	5.7	5.6	5.4

续表

指标名称	收入消费水平/元					收入消费结构/%				
	2014年	2015年	2016年	2017年	2018年	2014年	2015年	2016年	2017年	2018年
3.居住	1219	1342	1519	1668	1985	20.7	20.4	20.9	21.1	22.4
4.生活用品及服务	374	407	447	486	530	6.3	6.2	6.1	6.1	6
5.交通通信	595	681	790	918	1033	10.1	10.4	10.9	11.6	11.7
6.教育文化娱乐	575	672	788	878	1013	9.7	10.2	10.8	11.1	11.4
7.医疗保健	477	544	623	696	879	8.1	8.3	8.6	8.8	9.9
8.其他用品和服务	96	107	118	134	146	1.6	1.6	1.6	1.7	1.7
人均可支配收入增速（%）	—	11.91	10.94	10.97	10.75	—				

4.2.3 基本生产生活条件显著提升

农村居民住房及家庭设施条件得到改善，2014年至2018年，连片贫困地区居住竹草土坯房的农户比重从7.0%下降到2.0%，使用管道供水的农户比重从55.9%增加到80.4%，饮水无困难的农户比重从80.9%增加到93.6%，独用厕所的农户比重从92.5%增加到95.5%。连片贫困地区农村居民耐用消费品拥有量不断增加，2018年，连片贫困地区农村居民每百户拥有汽车18.9辆、洗衣机87.0台、电冰箱86.2台、移动电话261.6台、计算机15.9台，比2014年分别增加204.84%、24.11%、47.35%、33.47%、62.24%。2018年，所在自然村通电话的农户比重和能接收有线电视信号的农户比重分别达99.9%和97.9%，进村主干道路硬化的农户比重达98.0%，所在自然村全部通公路。能便利乘坐公共汽车的农户比重达70.9%，通宽带的农户比重达93.8%，所在自然村有卫生站的农户比重92.7%，分别比2014年增加0.7%、11.4%、7.9%、15.5%、49.4%、6.5%。连片贫困地区居民公共基础设施和公共服务基本需求得到满足，基本生产生活条件得到明显改善。表4-13详细列示了连片贫困地区7年来农村基础设施及农户生产生活条件改善情况。

表4-13 连片贫困地区2014—2018年农村基础设施及农户生产生活条件情况

住房及家庭设施状况（单位：%）					
	居住竹草土坯房的农户比重	使用管道供水的农户比重	使用经过净化处理自来水的农户比重	饮水无困难的农户比重	独用厕所的农户比重
2014	7.0	55.9	31.7	80.9	92.5
2018	2.0	80.4	53.5	93.6	95.5
每百户农户耐用消费品拥有量					
	汽车（辆）	洗衣机（台）	电冰箱（台）	移动电话（部）	计算机（台）
2014	6.2	70.1	58.5	196.0	9.8
2018	18.9	87.0	86.2	261.6	15.9
农村基础设施和公共服务状况（所在自然村……农户比重，单位：%）					
	通电话	接收有线电视信号	进村主干道路硬化	能便利乘坐公共汽车	通宽带	有卫生站
2014	99.2	86.5	90.1	55.4	44.4	86.2
2018	99.9	97.9	98.0	70.9	93.8	92.7

4.2.4 教育文化和医疗卫生条件明显改善

2013—2017年，连片贫困地区教育文化和医疗条件获得了改善。人均教育文化娱乐支出占消费支出的比重从2014年的9.7%增加到2017年的11.4%。2017年，农村自然村上幼儿园便利的农户比重从2013年的70.8%增加到84.7%，农村自然村上小学便利的农户比重从2013年的79.5%增加到88.0%。2013—2017年，医疗卫生机构床位数增加了28万床，年均增加5.6万床；各种社会福利收养性单位数增加了573个，年均增加114.6个，社会福利收养性单位床位数增加9万床，年均增加1.8万床；农村自然村有卫生站的农户比重从83.6%增加到91.3%，增加7.7个百分点。教育文化和医疗卫生条件明显改善。表4-14列示了连片贫困地区2014—2017年教育文化及医疗卫生变化情况。

表 4-14 连片贫困地区 2014—2018 年教育文化及医疗卫生情况

指标名称	2013 年	2014 年	2015 年	2016 年	2017 年
一、文化教育情况					
普通中学在校生人数（万人）	1189	1185	1164	1176	1184
小学在校生人数（万人）	1796	1772	1763	1764	1789
农村自然村上幼儿园便利的农户比重（%）	70.8	74.2	75.3	79.6	84.7
农村自然村上小学便利的农户比重（%）	79.5	81.2	81.2	85.2	88.0
二、医疗卫生					
医疗卫生机构床位数（万床）	69	77	84	90	97
各种社会福利收养性单位数（个）	7520	8233	8372	8335	8093
各种社会福利收养性单位床位数（万床）	51	58	60	62	60
农村自然村有卫生站的农户比重（%）	83.6	86.2	89.2	90.6	91.3

4.3 连片贫困地区贫困的共性刻画与差异分析

4.3.1 贫困反复性和波动性强

受到资源禀赋、社会环境、历史文化等因素的制约，连片贫困地区经济发达，社会治理水平不高，贫困人口数量大，贫困发生率高，贫困规模大，覆盖面广，贫困问题严峻。连片贫困地区绝对贫困的情况在不断改善，但相对全国水平，片区的相对落后状态并没有得到改善。2011 年，14 个连片贫困地区有农村贫困人口 6035 万人，贫困发生率 29%，比同期全国农村贫困发生率高出 16.3 个百分点。2018 年，按当年贫困标准，有农村贫困人口 935 万人，贫困发生率 4.5%，仍高出全国平均水平 2.8 个百分点。2011—2018 年连片贫困地区与全国农村贫困发生率对比图（图 4-3）展示了 8 年间连片贫困地区与全国农村贫困发生率的比较详情。虽然连片贫困地区贫困问题得到大幅度缓解，但相对于全国来说，贫困人口仍然数量大，贫困发生率高。

4 连片贫困地区脱贫机制及成效的描述性评价

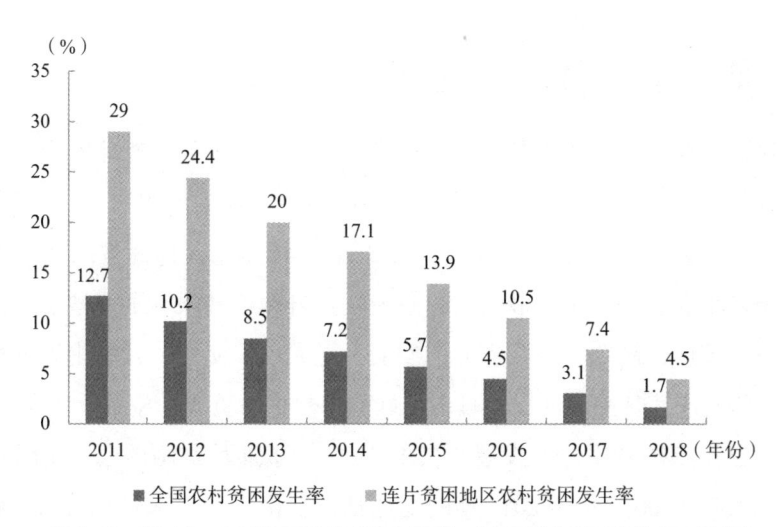

图4-3 2011—2018年连片贫困地区与全国农村贫困发生率对比图

特别值得注意的是,连片贫困地区农村贫困人口占全国农村贫困人口的比重从2017年以后突然上升(见图4-4中的折线),充分证明了连片贫困地区反贫困工作的艰巨性。随着脱贫攻坚的胜利,剩下的特别贫困、特别难以脱贫、极易返贫的区域正集中在连片贫困地区,剩下的贫困、难以脱贫、脱贫后容易返贫的贫困人口、贫困家庭也集中在连片贫困地区。连片贫困地区面临着脱贫难、难脱贫、易返贫的难题,经济社会发展面临着巨大的阻力与困境。

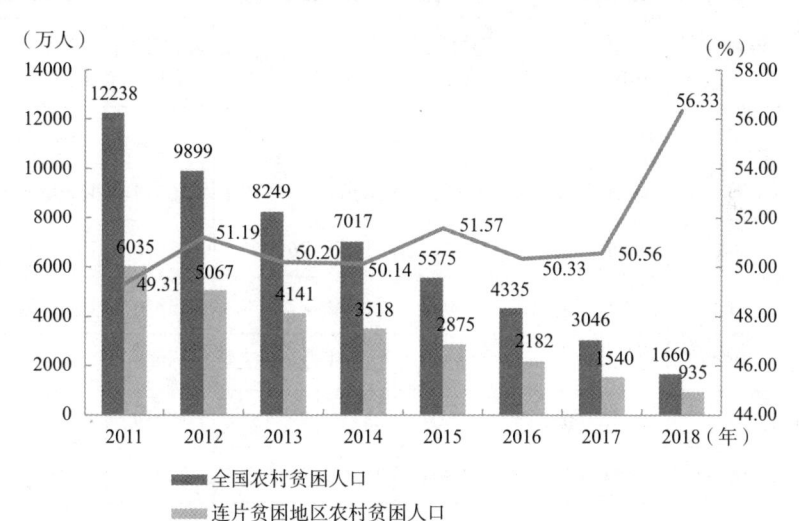

图4-4 2011—2018年连片贫困地区与全国贫困人口对比图

· 55 ·

4.3.2 贫困分布与资源贫瘠区高度耦合

连片贫困地区多处资源贫瘠、生态脆弱地区，恶劣的生态环境给发展带来了一系列问题。首先，恶劣脆弱的生态环境是产业发展的掣肘。贫瘠的土壤、多发的自然灾害是农业发展的天敌，改革开放45年来，连片贫困地区农业生产方式仍以小农经济为主，最主要的原因就是自然条件限制了大型集约化农机具的使用与推广，制约了现代农业的发展。受人口、交通、城镇化等自然因素的影响，即使连片贫困地区大多具备良好的自然生态资源，旅游业、服务业等，第三产业也没有得到很好的发展。表4-15展示了连片贫困地区、贫困地区以及全国三大产业2011年至2017年的变化情况，由表4-16可以看出，从2011年起，连片贫困地区和贫困地区的产业比均与全国存在着大的差距。第二产业、第三产业比重上升缓慢，地区经济总量增长仍主要靠第一产业。第二产业、第三产业增升乏力，在地区生产总值中比重偏低。而且随着时间的推移，第二、三产业并没有快速增长。

表4-15 三大产业增加值对比情况表

单位：亿元

年份	第一产业增加值			第二产业增加值			第三产业增加值		
	连片贫困地区	贫困地区	全国	连片贫困地区	贫困地区	全国	连片贫困地区	贫困地区	全国
2011	6757	8979	44781.5	11099	16019	227035.1	8908	11641	216123.6
2012	7696	10197	49084.6	13142	18804	244639.1	10374	13490	244856.2
2013	8403	11108	53028.1	14841	21082	261951.6	12056	15583	277983.5
2014	9035	11910	55626.3	16077	22560	277282.8	13856	17887	310654.0
2015	9664	12668	57774.6	16240	22463	281338.9	15904	20477	349744.7
2016	10232	13347	60139.2	17304	23776	295427.8	17934	23091	390828.1
2017	10331	13451	62099.5	18804	25256	331580.5	20295	25897	438355.9

表4-16 生产总值与产业比对比情况表

单位：亿元

年份	生产总值			三大产业比		
	连片贫困地区	贫困地区	全国	连片贫困地区	贫困地区	全国
2011	26763	36637	487940.2	25.2∶41.5∶33.3	24.5∶43.7∶31.8	9.2∶46.5∶44.3
2012	31212	42491	538580	24.7∶42.1∶33.2	24.0∶44.3∶31.7	9.1∶45.4∶45.5
2013	35300	47773	592963.2	23.8∶42.0∶34.2	23.3∶44.1∶32.6	8.9∶44.2∶46.9
2014	38968	52357	643563.1	23.2∶41.3∶35.6	22.7∶43.1∶34.2	8.6∶43.1∶48.3
2015	41808	55607	688858.2	23.1∶38.8∶38.0	22.8∶40.4∶36.8	8.4∶40.8∶50.8
2016	45469	60214	746395.1	22.5∶38.1∶39.4	22.2∶39.5∶38.3	8.1∶39.6∶52.4
2017	49431	64605	832035.9	20.9∶38.0∶41.1	20.8∶39.1∶40.1	7.5∶39.9∶52.7

4.3.3 贫困的脆弱性表现突出

贫困的脆弱性是指贫困户面临风险从而导致返贫的可能性以及从风险冲击中恢复的能力程度。贫困的脆弱程度越高，越易返贫，连片特困地区贫困的脆弱性突出。

第一，由于资源禀赋、经济水平、社会发展等因素的影响，连片特困地区农村居民面临着自然风险、经济风险、社会风险等各种各样的风险。六盘山区沟壑纵横、水土流失严重，大兴安岭南麓地区气候严寒，南疆三地州环绕在塔克拉玛干沙漠边缘。贫困人口靠天吃饭，缺乏抵御自然灾害的能力。第二，受地质地貌、水质气候、食物及居住条件等影响，部分连片特困地区地方病高发，如乌蒙山区、四省藏区，关节炎、结核病等疾病发病率高。而当地医疗资源有限，疾病已经成为加剧贫困脆弱性，使贫困户返贫的重要因素。第三，连片特困地区群众受教育程度不高，外出去发达地区务工者，多从事低端低技术要求工种，是最易受到经济波动而失业的群体。当遭遇产业收缩，会第一个失去工作机会。当地第三产业落后，创业环境不佳，加之自身能力限制，又制约了回乡创业，从而导致家庭缺少稳定收入而返贫。

4.3.4 贫困发生率呈现区域差异化

14个连片特困地区的贫困程度也存在着显著差异。表4-17是2011—2018年14个连片特困地区农村贫困率的排名情况，在14个连片特困地区中，西藏地区、四省藏区和乌蒙山区的贫困发生率一直比较高，大别山区、罗霄山区、大兴安岭南麓区贫困发生率排名较低。贫困发生率的名次一直在发生着变化，从14个连片特困地区2011—2018年农村贫困率排名情况（表4-18）可以看出。西藏地区的贫困发生率减少速度比较快，从2011年贫困发生率排名第1位，到2018年排名第7位；而乌蒙山区2011年贫困发生率排名第4位，到2018年排名第1位。这是贫困发生率排名变化最大的两个片区。反映出尽管每个连片特困地区的初始贫困程度不同，扶贫效果也不同。这也是值得我们特别关注的地方。

表4-17　2011—2018年14个连片特困地区农村贫困率排名情况

排名	2011年	2012年	2013年	2014年	2015年	2016年	2017年	2018年
1	西藏地区	四省藏区	西藏地区	四省藏区	西藏地区	乌蒙山区	乌蒙山区	乌蒙山区
2	四省藏区	西藏地区	四省藏区	西藏地区	乌蒙山区	吕梁山区	四省藏区	南疆三地州
3	南疆三地州	南疆三地州	乌蒙山区	乌蒙山区	四省藏区	西藏地区	滇西边境山区	滇西边境山区
4	乌蒙山区	乌蒙山区	六盘山区	吕梁山区	吕梁山区	四省藏区	南疆三地州	六盘山区
5	六盘山区	六盘山区	滇桂黔石漠化区	六盘山区	六盘山区	南疆三地州	六盘山区	四省藏区
6	滇西边境山区	滇桂黔石漠化区	吕梁山区	滇西边境山区	南疆三地州	六盘山区	吕梁山区	滇桂黔石漠化区
7	滇桂黔石漠化区	吕梁山区	滇西边境山区	南疆三地州	滇西边境山区	滇西边境山区	滇桂黔石漠化区	西藏地区
8	吕梁山区	滇西边境山区	南疆三地州	滇桂黔石漠化区	滇桂黔石漠化区	滇桂黔石漠化区	燕山—太行山区	吕梁山区
9	秦巴山区	秦巴山区	秦巴山区	武陵山区	燕山—太行山区	燕山—太行山区	西藏地区	燕山—太行山区

续表

排名	2011年	2012年	2013年	2014年	2015年	2016年	2017年	2018年
10	武陵山区	武陵山区	武陵山区	燕山—太行山区	武陵山区	武陵山区	大兴安岭南麓区	武陵山区
11	燕山—太行山区	大兴安岭南麓区	燕山—太行山区	秦巴山区	秦巴山区	秦巴山区	武陵山区	秦巴山区
12	大兴安岭南麓区	燕山—太行山区	大兴安岭南麓区	罗霄山区	大兴安岭南麓区	大兴安岭南麓区	秦巴山区	大兴安岭南麓区
13	罗霄山区	罗霄山区	罗霄山区	大兴安岭南麓区	罗霄山区	大别山区	大别山区	罗霄山区
14	大别山区	大别山区	大别山区	大别山区	大别山区	罗霄山区	罗霄山区	大别山区

表4-18 14个连片特困地区2011—2018年农村贫困率排名情况

地区	2011年	2012年	2013年	2014年	2015年	2016年	2017年	2018年
乌蒙山区	4	4	3	3	2	1	1	1
南疆三地州	3	3	8	7	6	5	4	2
滇西边境山区	6	8	7	6	7	7	3	3
六盘山区	5	5	4	5	5	6	5	4
四省藏区	2	1	2	1	3	4	2	5
滇桂黔石漠化区	7	6	5	8	8	8	7	6
西藏地区	1	2	1	2	1	3	9	7
吕梁山区	8	7	6	4	4	2	6	8
燕山—太行山区	11	12	11	10	9	9	8	9
武陵山区	10	10	10	9	10	10	11	10
秦巴山区	9	9	9	11	11	11	12	11
大兴安岭南麓区	12	11	12	13	12	12	10	12
罗霄山区	13	13	13	12	13	14	14	13
大别山区	14	14	14	14	14	13	13	14

4.4 脱贫机理分析

连片贫困地区的"连片贫困"问题是脱贫攻坚的难题。连片贫困地区大部分位于省域交界或国境边疆地区,自然资源禀赋恶劣,经济社会发展滞后,交通等基础设施薄弱,贫困的形成是内外因共同作用的结果,"贫"与"困"交织,多维度贫困长期积淀,因"贫"而"困"、因"困"致"贫"现象突出。随着脱贫攻坚的胜利,区域性、整体性贫困即将终结,而"深度贫困"成为突出问题。连片贫困地区贫困程度深、贫困面积广、返贫率高。要防止已经脱贫的家庭重新陷入贫困,一方面需要不断提高脱贫户的自我发展能力,不断积累资产来应对各种风险;另一方面需要建立长效的防返贫机制,完善的体制机制与政策体系,防止脱贫户返贫。

4.4.1 农户生计脆弱值是判断返贫的依据

近年来,贫困家庭生计能力指标越来越受到关注,生计脆弱值可以反映脱贫农户的可持续生计能力,因此可以作为评价脱贫效果、判断返贫可能性的依据。通过对贫困户生计脆弱性的测量,可以提升扶贫政策的针对性和实效性。生计脆弱性指数小,表明脱贫户的可持续生计状况较优,脱贫成果易巩固。农户生计能力是脱贫效果可持续性的保证,高质量的脱贫,让贫困家庭拥有较强的生计资本,养成可持续的生计能力,贫困地区形成稳定的自我发展能力,才能够阻止返贫,保障长效脱贫。

目前部分已脱贫人口和家庭生计资本存量少、结构差,仍存在返贫风险,一部分家庭还在贫困线边缘徘徊。一方面,在连片贫困地区,剩余未脱贫人口生计资本极其缺乏。十九大明确提出"到2020年农村贫困人口要全部实现脱贫"的脱贫政策目标,除失能人群依靠社会保障制度的兜底外,其余贫困人口或是通过异地搬迁,或是通过转移就业,或是通过发展生产实现脱贫。异地搬迁、转移就业、发展生产是培育贫困家庭生计能力,使其实现内生式脱贫的主要途径。另一方面,连片贫困地区贫困脆弱性、持续性突出,且存在着短期贫困转向长期贫困的新特征。因而,提升农户生计能力是缓解持续性贫困,提升脱贫效果，阻止返贫的重要途径。

4.4.2 自我发展能力与可行能力的提升是长效脱贫的根本途径

阿马蒂亚·森将能力贫困纳入衡量贫困的标准，国内外学者分别从发展能力剥夺、多维贫困等角度分析了能力贫困。我国部分学者也认为自我发展能力不足是区域性贫困的主要原因（樊杰，2008）。连片贫困地区贫困户基本发展能力不足，要改善贫困地区经济状况，必须提升贫困人口的自我发展能力（张永亮，2018；郭熙宝，2016；刘七军，2016）。有学者基于自我发展能力剥夺视角，搭建了多维贫困测度的指标体系，并运用熵权-TOPSIS法评价了贫困户自我发展能力（孙鲁云，2017，2018）。这些研究表明，贫困地区要实现可持续脱贫，保持长期稳定发展需依赖当地自我发展能力与贫困人口可行能力的培育和提升；连片贫困地区要实现稳定脱贫，需要多维度培育提升区域自我发展能力。

自阿马蒂亚·森提出能力贫困理论，认为贫困不能简单地定义为收入无法满足基本生存需要，更表现为贫困人口缺乏摆脱贫困的机会和能力之后，人们已经普遍认识到减贫不能简单强调增加收入，而是包含教育、机会、观念、环境等各个方面的多维度帮扶。现阶段我国连片贫困地区普遍存在自然环境恶劣、公共基础设施薄弱、教育医疗条件落后、高素质人才缺乏、贫困户脱贫内生动力不高等问题。当前我国14个集中连片贫困地区自我发展能力低下、贫困人口可行能力欠缺现象突出，这正是返贫的直接原因。因此，连片贫困地区自我发展能力与贫困人口可行能力的提升是阻止返贫、实现长效脱贫的根本途径。

4.4.3 完善体制机制是长效脱贫的保障

贫困本质上是一种市场失灵。经济增长所带来的福利不会自动溢向贫困群体，因而需要政府来纠正市场失灵，减小市场失灵，完善机制体制和建立配套制度来保证贫困人口受益，是阻止返贫、长效脱贫的强有力的保障。

在机制设计中，一是对现有政策的评价。在现有政策中，哪些政策是有效的，在保障脱贫质量方面能够发挥良好效用；哪些政策效用不佳，原因是什么，需要从哪些方面改进。二是对资源配置方式的考量与改进。扶贫本身就是一个资源配置的过程，资源配置遵循的原则如何，是否真实帮助了扶贫主体与扶贫对象，是否有效瞄准对象，在大数据等技术条件下，可以从哪些方面改进与创新，是资源配置机制需要考虑的问题。三是扶贫主体的探索。长期以来，政府是扶贫的主体，那么随着脱贫攻坚的胜利，如何转变政府的职能，充分挖掘企业、社会组织的优势，充分发挥其作用，形成更高效率的机制。四是预判新问题的应对机制。如相对贫困、城市贫困，如何建立相对贫困指标体系，对城市贫困进行预防。只有通盘考虑，完善体制机制，才能实现短期脱贫、有效阻返、长期发展。

4.5 小结

2011年以后，以集中连片特困地区作为脱贫攻坚主战场的战略，打破了行政区划边界。精准扶贫战略使得扶贫工作的针对性越来越强。脱贫攻坚也被作为全面建成小康社会的底线任务与标志性指标。贫困的发生率显著下降，贫困地区农村居民收入持续增加，农村基础设施和公共服务条件显著改善。

随着经济社会的发展与变迁，经济增长带来的减贫涓滴效应逐渐减小，分配在减贫中的影响作用更加凸显。通过非季节模型的预测，表明我国既定的目标能够如期完成。2020年将消除区域性整体绝对贫困，但区域之间、城乡之间的实现程度存在显著差异，东部地区贫困程度轻，西部地区贫困人口和贫困发生率较高，但减贫速度最快，证明了国家扶贫政策充分发挥了效应。城乡居民的人均收入和消费支出数量与消费构成仍存在较大差异。农村指标水平要远远落后于城市指标水平。

另外一个突出问题是，扶贫政策的减贫效应逐渐递减。随着脱贫攻坚的深入，剩余的贫困地区和贫困人口脱贫难度越发突出。其中扶贫主体与扶贫方式内容单一是重要原因。改革开放45年来，扶贫的主体始终是党和政府，企业和社会组织的减贫作用没有得到充分发挥，制约了脱贫的绩效。扶贫方式在大范畴上都属于物质性扶贫，尚不能解决贫困的根源问题。扶贫成效考核机制不健全，尚不能发挥成效考核对扶贫的激励作用。这些都是需要注意与改进的问题。

从 2010 年，开始有了"连片特困地区"这个概念，连片特困地区也成为第四阶段扶贫脱贫的重点对象。分析连片特困地区贫困特性是测评连片特困地区的脱贫成效的基础性环节，描述性评价为后续连片特困地区脱贫成效的测评以及贫困状态的分析奠定了基础。

5　连片特困地区脱贫成效测评与脱贫现实困境

从第 4 章的分析中,我们可以看出连片特困地区贫困地理面积大,贫困人口数量多,贫困程度深,贫困脆弱性突出,极易返贫,而且各个片区的贫困率存在着差异。连片特困地区农村贫困人口既有所有地区贫困人口的共性,也有其自身的贫困特殊性。

为测评连片特困地区脱贫成效,我们需要建立两个相互结合的测量体系,一是贫困测量体系,二是脱贫成效评价体系。贫困测量是脱贫成效评价的基础,也是脱贫成效评价的一个组成部分。

在对国内外研究文献的梳理中,我们看到贫困的原因是多维度的,贫困的表现也是多方面的。贫困是资源禀赋、社会环境、个人能力等因素相互作用的结果。郑瑞强(2017)等分析了乌蒙山区、罗霄山区的区域资源配置绩效。王小林(2017)测量对比了四省藏区中的阿坝自治州的藏族、羌族、回族和汉族的贫困状况,对比了贫困的民族特征。杨悦(2019)、倪一新(2019)、郭斯炜(2019)等针对不同连片特困地区的特征,提出了相应的减贫以及地方经济发展策略。

从以上简要文献回顾可以看出,对于连片特困地区贫困问题,研究者已有深入研究。近年来,大多数研究集中在对连片特困地区宏观定性以及针对连片特困地区局部贫困状况、存在问题及对策建议方面,而缺少对连片特困地区整体全面的分析,缺少对连片特困地区之间贫困及反贫困问题的对比分析,以及对连片特困地区反贫困成效的评价以及阻返机制的研究。

基于前文理论回顾,我们基于国家统计数据、国家统计局住户调查办公室中国农村监测报告数据项目团队调查研究数据、个案研究材料,在国内外贫困及反贫困研究理论基础上，在对连片特困地区经济发展以及贫困现状的整体认识基础之上，开展实证分析，以此探索连片特困地区走出贫困陷阱的基本路径。

第一，对连片特困地区贫困状况进行全面测量，全面把握连片特困地区的贫困广度、深度以及强度。对连片特困地区自确立以来的脱贫成效进行宏观判断。

第二，对14个连片特困地区在整个区域中的贫困程度进行判断，观察其2013年至2018年以来的位次变化，以探究原因。

第三，在贫困程度测量以及脱贫成效动态评述的基础上，建立综合指标体系，计算权重，全面评价14个连片特困地区的脱贫成效和发展现状。

第四，在实证测评的基础上，梳理连片特困地区脱贫的现实困境与难题。

5.1 贫困程度测量

5.1.1 测量方法与模型

运用FGT指数，采用收入标准进行贫困测量。FGT指数是福斯特（Foster）等人于1984年提出的一个测量贫困的指标。长期以来，贫困人口数量的减少和贫困发生率的下降是考核的主要指标。深度贫困的特征可以概括为"两高、一低、一差、三重"。但是，贫困人口数量和贫困发生率，是对贫困规模和贫困覆盖面的测量，只衡量了贫困的广度，不能全面反映贫困地区贫困人口的贫困程度。那么，在脱贫攻坚即将取得胜利的时期，贫困脆弱程度高，易返贫，重新陷入贫困的高风险地区及家庭是应该重点被筛查出来的对象。而在扶贫资源一定的条件下，由于对工作难度、工作效果的考虑，有限的资源会更偏向于分配给距离贫困线较近的贫困地区和贫困人口，从而导致最需要帮助的深度贫困人群被排斥，出现"扶贫内卷化"现象。

已有学者使用FGT指数度量贫困，比如王小林（2017）测量了阿坝自治州四个少数民族的贫困程度，刘小珉测量了西南三省区和西北四省区民族地区的贫困程度。左停和贺莉（2019）测量了陕西省109个县（区）的贫困。但很少有学者聚焦各个连片特困地区的深度贫困问题。

FGT 指数由贫困发生率、贫困距指数和贫困平方距指数三个指标组成，其具体形式为：

$$FGT = \frac{1}{N}\sum_{i=1}^{q}\left(1-\frac{y_i}{z}\right)^{\alpha} \quad (\alpha \geqslant 0) \quad (5-1)$$

公式（5-1）中，N 为人口总数；q 代表人均收入在贫困线以下的人口数；y_i 为第 i 个人的收入；z 代表贫困线；α 为社会贫困厌恶系数。

当 $\alpha=0$ 时，FGT 为贫困发生率指数 H，贫困发生率指一个地区的贫困人口占该地区总人口的比重，H 指数用于反映贫困的广度。H 值越大，表示处于贫困线及以下的人口越多，贫困的广度越高，贫困的面积越大，发生的现象越严重。

当 $\alpha=1$ 时，FGT 为贫困距指数 PG，贫困距指数度量的是贫困人口的平均收入相对于贫困线的距离，PG 指数表示贫困人口的收入缺口占贫困线的比率，反映的是贫困的深度。

当 $\alpha=2$ 时，FGT 为平方距指数 SPG，反映的是贫困发生的强度。给贫困人口赋予更高的权重。贫困线以下贫困人口收入的变化，即贫困人口中高收入者与低收入者的变化会对 SPG 指数的测量有影响，因而 SPG 指数可以更好地反应贫困人口之间收入的不平等程度。

5.1.2　贫困指数计算

为了客观地评价连片特困地区脱贫成效，基于国家统计局中国农村贫困监测数据，选择国家 2010 年贫困线作为贫困标准线（2013—2018 年每年按照消费价格指数进行调整）。计算 2013—2018 年连片特困地区贫困发生率指数 H、贫困距指数 PG 和平方距指数 SPG，如表 5-1～表 5-3 所示。

表 5-1　连片特困地区 2013—2018 年 H 贫困指数（$H \times 100$）

时间	2013 年	2014 年	2015 年	2016 年	2017 年	2018 年
全部片区	20	17.1	13.9	10.5	7.4	4.5
六盘山区	24.1	19.2	16.2	12.4	8.8	5.6
秦巴山区	19.5	16.4	12.3	9.1	6.1	3.6

续表

时间	2013年	2014年	2015年	2016年	2017年	2018年
武陵山区	18	16.9	12.9	9.7	6.4	3.8
乌蒙山区	25.2	21.5	18.5	13.5	9.9	6.2
滇桂黔石漠化区	21.9	18.5	15.1	11.9	8.4	5.3
滇西边境山区	20.5	19.1	15.5	12.2	9.3	5.8
大兴安岭南麓区	16.6	14	11.1	8.7	6.6	3.5
燕山—太行山区	17.9	16.8	13.5	11	7.9	4.5
吕梁山区	21.7	19.5	16.4	13.4	8.4	4.6
大别山区	15.2	12	10.4	7.6	5.3	3
罗霄山区	15.6	14.3	10.4	7.5	5	3.2
西藏地区	28.8	23.7	18.6	13.2	7.9	5.1
四省藏区	27.6	24.2	16.5	12.7	9.5	5.6
南疆三地州	20	18.8	15.7	12.7	9.1	5.9

表5-2 连片特困地区2013—2018年 PG 贫困指数（$PG \times 100$）

时间	2013年	2014年	2015年	2016年	2017年	2018年
全部片区	23.54	23.96	22.74	19.60	15.77	10.29
六盘山区	19.33	19.31	19.95	17.05	13.78	9.52
秦巴山区	24.82	24.92	22.02	18.30	13.94	8.80
武陵山区	22.03	23.80	21.34	18.63	13.90	8.86
乌蒙山区	23.04	25.45	26.81	23.56	19.46	12.97
滇桂黔石漠化区	25.38	25.37	24.49	21.66	17.46	11.81
滇西边境山区	22.77	25.04	22.19	20.29	17.82	11.97
大兴安岭南麓区	21.28	20.01	18.00	16.39	14.25	8.52
燕山—太行山区	19.26	20.76	20.38	18.86	15.04	9.49
吕梁山区	20.01	19.42	19.89	18.28	13.69	8.50

续表

时间	2013年	2014年	2015年	2016年	2017年	2018年
大别山区	24.81	23.32	22.49	17.99	14.00	8.51
罗霄山区	18.54	20.31	17.65	14.60	11.22	7.71
西藏地区	40.18	38.59	35.11	28.02	19.68	13.61
四省藏区	22.46	25.29	20.82	19.08	16.24	10.84
南疆三地州	21.61	24.19	23.09	21.61	21.18	14.44

表5-3 连片特困地区2013—2018年 SPG 贫困指数（ $SPG\times100$ ）

时间	2013年	2014年	2015年	2016年	2017年	2018年
全部片区	27.70	33.58	37.19	36.59	33.60	25.84
六盘山区	15.50	19.42	24.57	23.43	21.58	17.95
秦巴山区	31.60	37.87	39.43	36.81	31.86	23.57
武陵山区	26.95	33.51	35.32	35.77	30.17	22.65
乌蒙山区	21.07	30.12	38.84	41.12	38.26	29.85
滇桂黔石漠化区	29.42	34.80	39.71	39.42	36.29	28.88
滇西边境山区	25.29	32.83	31.78	33.73	34.15	27.17
大兴安岭南麓区	27.29	28.59	29.18	30.89	30.75	22.74
燕山—太行山区	20.73	25.65	30.75	32.35	28.64	22.00
吕梁山区	18.45	19.35	24.11	24.93	22.32	17.36
大别山区	40.48	45.31	48.64	42.57	36.99	26.35
罗霄山区	22.03	28.83	29.95	28.40	25.17	20.34
西藏地区	56.05	62.83	66.27	59.49	49.02	39.70
四省藏区	18.27	26.43	26.26	28.68	27.77	23.13
南疆三地州	23.35	31.13	33.94	36.79	49.28	38.74

5.1.3 测量结果讨论

5.1.3.1 连片特困地区整体减贫成效显著

连片特困地区脱贫成效测量图用雷达图的形式展现了2013年至2018年六年间连片特困地区的整体脱贫成效见图5-1。从时间上可以看出，六年来，连片特困地区整体脱贫成效显著。连片特困地区整体以及14个连片特困地区贫困发生率指数（H）、贫困距指数（PG）、贫困平方距指数（SPG）从2013年至2018年均持续下降，表明连片特困地区贫困的广度、深度以及强度都在减轻。收入处于贫困线以下的贫困人口逐年减少，贫困的覆盖面在逐年收缩。连片特困地区贫困人口的收入在逐年提升。贫困人口中收入的不平等程度也在逐年缓解，表明特别贫困的群体正在缩减。

从图5-1中可以看出，贫困发生率指数、贫困距指数、贫困平方距指数三个指标的演进速度与进程存在差异。贫困发生率（H）呈现出等距的缩减进程，表明整体的攻坚式扶贫，特别是对连片特困地区的扶贫、脱贫政策发挥了整体效用。贫困距指数（PG）变化雷达图反映出14个连片特困地区的贫困距变化从2013年较大的初始差异至2018年，趋于集中统一。值得注意的是贫困平方距指数（SPG），从SPG雷达图看出，14个连片特困地区2013年SPG差异较大，至2018年，出现了集中统一趋势，但较之H指数与PG指数，2018年，SPG指数集中趋势仍不明显。

因此，连片特困地区整体减贫成效显著，贫困人口整体收入得到了较大提升，贫困的广度、深度均显著减轻，但是，贫困的强度减缓速度不如广度与深度，且在地区之间存在着较大差异。贫困强度减缓速度弱于贫困广度与深度指数表明扶贫资源出现了内卷化现象。一方面在扶贫资源投入不断增加，扶贫系统内部操作越发精细化和复杂化程度的情况下，出现了边际效应递减、治理体系悬空的困境，陷入难有实质性发展的刚性结构之中。反贫困从"救济式"向"开发式"转变的阻力增加，贫困人口和贫困地区达到可持续发展的减贫目标受到阻碍。另一方面，扶贫资源集中在距离贫困线近的低程度贫困人群，而距离贫困线远的深度贫困人口减贫越发困难。

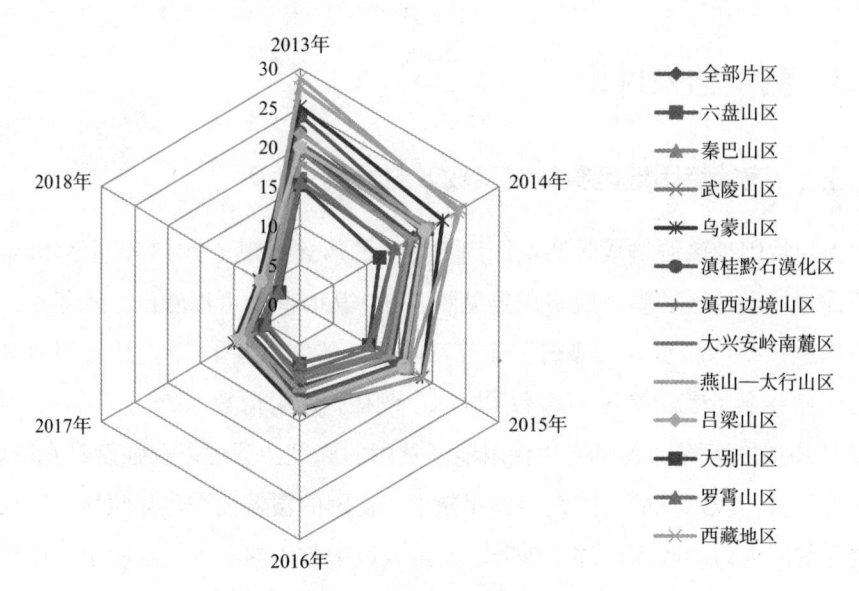

(a) 2013—2018年贫困发生率指数（H）变化图

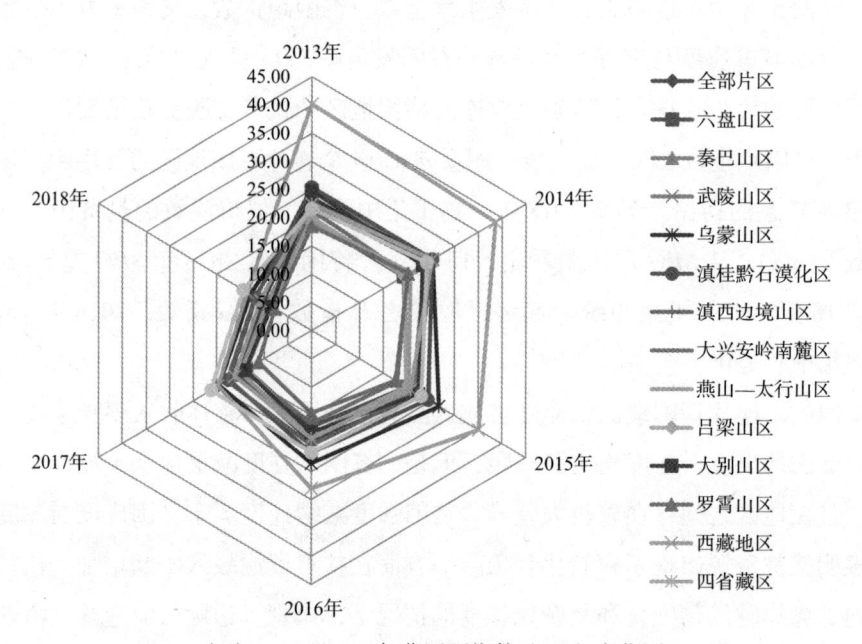

(b) 2013—2018年贫困距指数（PG）变化图

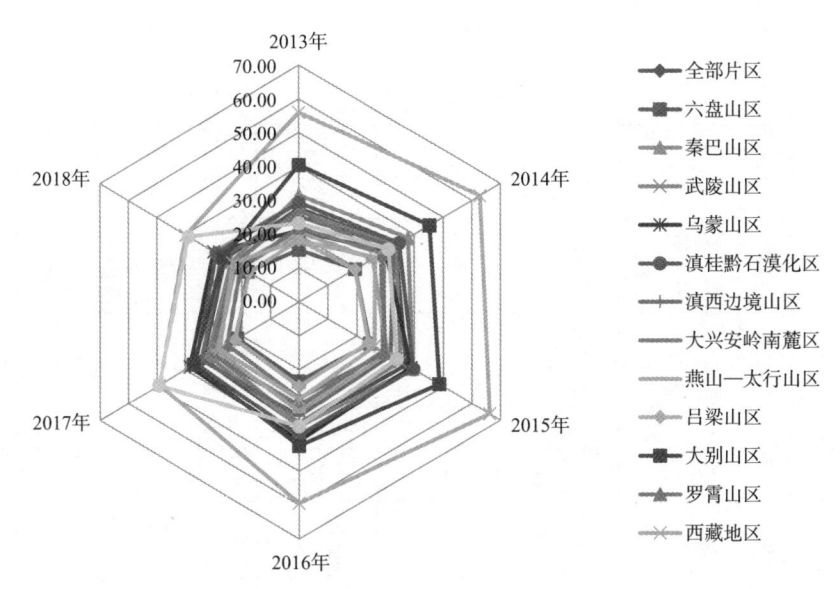

(c) 2013—2018年贫困平方距指数（SPG）变化图

图5-1 连片特困地区脱贫成效测量图

5.1.3.2 各个连片特困地区脱贫效果与贫困现状存在着较大差异

按照表5-1～表5-3计算的数据对2013—2018年14个连片特困地区的 H、PG 和 SPG 指数分年度从高到低进行排序，名次越靠前表明贫困指数越高，贫困发生率、贫困距、贫困平方距越大，得到表5-4。分区域按年度对 H、PG 和 SPG 指数排序，得到表5-5。可以看出来，14个连片特困地区贫困广度、深度、强度存在着差异，且随着时间的推移，发生着变化，脱贫效果与贫困现状存在着较大差异。

2011年，国家确定了14个连片特困地区为扶贫攻坚主战场。在第4章中，我们详细分析了2011年连片特困地区的经济社会以及贫困现状。2011年，连片特困地区共有贫困人口6035万人，贫困发生率为29%，当年14个连片特困地区中，贫困发生率最高的是西藏地区，达到43.9%，高出平均值14.9个百分点，在2013年、2015年，西藏地区的贫困发生率在14个地区中均排任第一位。但是从2016年开始，西藏地区的贫困发生率在加速度减轻。乌蒙山区从2016年开始至2018年，贫困发生率均排到了第一位。贫困发生率较低的是大别山区

表5-4 2013—2018年连片特困地区贫困测量排名表

时间	类别	1	2	3	4	5	6	7	8	9	10	11	12	13	14
2013	H	西藏地区	四省藏区	乌蒙山区	六盘山区	滇桂黔石漠化区	吕梁山区	滇西边境山区	南疆三地州	秦巴山区	武陵山区	燕山—太行山区	大兴安岭南麓区	罗霄山区	大别山区
2013	PG	西藏地区	滇桂黔石漠化区	秦巴山区	大别山区	乌蒙山区	滇西边境山区	四省藏区	武陵山区	南疆三地州	大兴安岭南麓区	吕梁山区	六盘山区	燕山—太行山区	罗霄山区
2013	SPG	西藏地区	大别山区	秦巴山区	滇桂黔石漠化区	大兴安岭南麓区	武陵山区	南疆三地州	南疆三地州	罗霄山区	乌蒙山区	燕山—太行山区	吕梁山区	四省藏区	六盘山区
2014	H	四省藏区	西藏地区	乌蒙山区	吕梁山区	六盘山区	滇西边境山区	南疆三地州	滇桂黔石漠化区	武陵山区	燕山—太行山区	秦巴山区	罗霄山区	大兴安岭南麓区	大别山区
2014	PG	西藏地区	乌蒙山区	滇桂黔石漠化区	四省藏区	滇西边境山区	秦巴山区	南疆三地州	武陵山区	大别山区	燕山—太行山区	罗霄山区	大兴安岭南麓区	吕梁山区	六盘山区
2014	SPG	西藏地区	大别山区	秦巴山区	滇桂黔石漠化区	武陵山区	滇西边境山区	南疆三地州	乌蒙山区	罗霄山区	大兴安岭南麓区	四省藏区	燕山—太行山区	六盘山区	吕梁山区

续表

时间	类别	1	2	3	4	5	6	7	8	9	10	11	12	13	14
2015	H	西藏地区	乌蒙山区	四省藏区	吕梁山区	六盘山区	南疆三地州	滇西边境山区	滇桂黔石漠化区	燕山—太行山区	武陵山区	秦巴山区	大兴安岭南麓	大别山区	罗霄山区
2015	PG	西藏地区	乌蒙山区	滇桂黔石漠化区	南疆三地州	大别山区	滇西边境山区	秦巴山区	武陵山区	四省藏区	燕山—太行山区	六盘山区	吕梁山区	大兴安岭南麓	罗霄山区
2015	SPG	西藏地区	大别山区	滇桂黔石漠化区	秦巴山区	乌蒙山区	武陵山区	南疆三地州	滇西边境山区	燕山—太行山区	罗霄山区	大兴安岭南麓	四省藏区	六盘山区	吕梁山区
2016	H	乌蒙山区	吕梁山区	西藏地区	四省藏区	南疆三地州	六盘山区	滇西边境山区	滇桂黔石漠化区	燕山—太行山区	罗霄山区	秦巴山区	大兴安岭南麓	大别山区	罗霄山区
2016	PG	西藏地区	乌蒙山区	滇桂黔石漠化区	南疆三地州	秦巴山区	四省藏区	燕山—太行山区	武陵山区	滇西边境山区	吕梁山区	大别山区	六盘山区	大兴安岭南麓	罗霄山区
2016	SPG	西藏地区	大别山区	滇桂黔石漠化区	滇桂黔石漠化区	六盘山区	南疆三地州	吕梁山区	滇西边境山区	燕山—太行山区	大兴安岭南麓	四省藏区	罗霄山区	吕梁山区	六盘山区
2017	H	乌蒙山区	四省藏区	滇西边境山区	南疆三地州	六盘山区	滇桂黔石漠化区	吕梁山区	燕山—太行山区	西藏地区	大兴安岭南麓	武陵山区	秦巴山区	大别山区	罗霄山区

续表

时间	类别	1	2	3	4	5	6	7	8	9	10	11	12	13	14
2017	PG	南疆三地州	西藏地区	乌蒙山区	滇西边境山区	滇桂黔石漠化区	四省藏区	燕山—太行山区	大兴安岭南麓区	大别山区	秦巴山区	武陵山区	六盘山区	吕梁山区	罗霄山区
2017	SPG	南疆三地州	西藏地区	乌蒙山区	大别山区	滇桂黔石漠化区	滇西边境山区	秦巴山区	大兴安岭南麓区	武陵山区	燕山—太行山区	四省藏区	罗霄山区	吕梁山区	六盘山区
2018	H	乌蒙山区	南疆三地州	乌蒙山区	大别山区	四省藏区	滇西边境山区	西藏地区	吕梁山区	燕山—太行山区	武陵山区	秦巴山区	大兴安岭南麓区	罗霄山区	大别山区
2018	PG	南疆三地州	西藏地区	乌蒙山区	滇西边境山区	滇桂黔石漠化区	四省藏区	六盘山区	燕山—太行山区	大兴安岭南麓区	秦巴山区	燕山—太行山区	大别山区	罗霄山区	罗霄山区
2018	SPG	西藏地区	南疆三地州	乌蒙山区	滇桂黔石漠化区	滇桂黔石漠化区	大别山区	六盘山区	四省藏区	大兴安岭南麓区	武陵山区	燕山—太行山区	罗霄山区	六盘山区	吕梁山区

表 5-5 14 个连片特困地区 2013—2018 年贫困程度测量名次表

时间	2013年			2014年			2015年			2016年			2017年			2018年		
贫困程度指标	H	PG	SPG	H	PG	SPG	H	PG	SPG	H	PG	SPG	H	PG	SPG	H	PG	SPG
西藏地区	1	1	1	2	1	1	1	1	1	3	1	1	9	2	2	7	2	1

续表

时间	2013年			2014年			2015年			2016年			2017年			2018年		
贫困程度指标	H	PG	SPG	H	PG	SPG	H	PG	SPG	H	PG	SPG	H	PG	SPG	H	PG	SPG
南疆三地州	8	9	8	7	7	7	6	4	7	5	4	6	4	1	1	2	1	2
乌蒙山区	3	5	10	3	2	8	2	2	5	1	2	3	1	3	3	1	3	3
六盘山区	4	12	14	5	14	13	5	11	13	6	12	14	5	12	14	4	7	3
滇桂黔石漠化区	5	2	4	8	3	4	8	3	3	8	3	4	7	5	5	6	5	4
滇西边境山区	7	6	7	6	5	6	7	6	8	7	4	8	3	4	6	3	4	5
大别山区	14	4	2	14	9	2	14	5	2	13	11	2	13	9	4	14	12	6
秦巴山区	9	3	3	11	6	3	11	7	4	12	9	5	12	10	7	11	10	7
四省藏区	2	7	13	1	4	11	3	9	12	4	6	11	2	6	11	5	6	8
大兴安岭南麓区	12	10	5	13	12	10	12	13	11	10	13	10	10	8	8	12	11	9
武陵山区	10	8	6	9	8	5	10	8	6	11	8	7	11	11	9	10	9	10
燕山—太行山区	11	13	11	10	10	12	9	10	9	9	7	9	8	7	10	9	8	11
罗霄山区	13	14	9	12	11	9	13	14	10	14	14	12	14	14	12	13	14	12
吕梁山区	6	11	12	4	13	14	4	12	14	2	10	13	6	13	13	8	13	14

(除 2016 年、2017 年排第 13 位外，其余均排第 14 位）和罗霄山区（除 2016 年、2017 年排第 14 位外，大部分排第 12、13 位）。

从反映贫困深度的贫困距指数（PG）排名情况看，西藏地区 2013—2016 年排名第一，2017—2018 年，南疆三地州排名第一。情况比较好的地区是罗霄山区和大兴安岭南麓区。从反映贫困强度的贫困距指数（SPG）排名情况看，西藏地区 2013—2018 年除 2017 年排名第二外，其余年度一直排名第一。在前期，大别山区紧随其后（2013—2016 年排名第二，2017 年排名第四，2018 年排名第六）。情况比较好的是吕梁山区和六盘山区，一直在第十三名和第十四名。值得注意的是南疆三地州和乌蒙山区 SPG 排名从 2013—2018 年一直在向前推进（乌蒙山区从 2013 年的排名第十到 2018 年排名第三，南疆三地州从 2013 年的排名第八到 2018 年排名第二）。

5.2 脱贫动态成效测评

5.2.1 方法模型与数据来源

在反贫困成效的测算过程中，首先要确定综合指标的权重。熵值法是一种客观赋权法，可以减弱主观赋权法中人为主观因素，增强指标的分辨意义和差异性，以避免因选用指标差异过小而带来分析困难，适用于多对象、多指标综合评价问题。

5.2.1.1 建立数据矩阵

$$X = \begin{bmatrix} X_{11} & \cdots & X_{1m} \\ \vdots & \vdots & \vdots \\ X_{n1} & \cdots & X_{nm} \end{bmatrix} \tag{5-2}$$

其中 X_{ij} 为第 i 个方案第 j 个指标的数值，在本案例中，$m = 17$，$n = 14$。

5.2.1.2 数据标准化处理

对数据采用极差标准法进行无量纲标准化处理，计算公式为：

$$X'_{ij} = \left[\frac{X_{ij} - \min X_{ij}}{\max X_{ij} - \min X_{ij}} \right] \times 0.9 + 0.1, \ (i=1,2,\cdots,n); (j=1,2,\cdots,m) \quad (5-3)$$

$$X'_{ij} = \left[\frac{\max X_{ij} - X_{ij}}{\max X_{ij} - \min X_{ij}} \right] \times 0.9 + 0.1, \ (i=1,2,\cdots,n); (j=1,2,\cdots,m) \quad (5-4)$$

其中，X_{ij} 为第 i 列第 j 个数据；$X_{\max}$ 和 $X_{\min}$ 分别为该指标的最大和最小值。正指标的处理方法为公式（5-3），负指标的处理方法为公式（5-4），由此得到无量纲标准化处理的数据矩阵 X, ij。

5.2.1.3 计算熵值

$$P_{ij} = \frac{X'_{ij}}{\sum_{i=1}^{n} X'_{ij}}, \ (i=1,2,\cdots,n); (j=1,2,\cdots,m) \quad (5-5)$$

首先，用公式（5-5）计算第 i 个方案占第 j 项指标值的比重，得到比重矩阵。

$$\boldsymbol{P}_{ij} = \begin{bmatrix} P_{11} & \cdots & P_{1m} \\ \vdots & \vdots & \vdots \\ P_{n1} & \cdots & P_{nm} \end{bmatrix}$$

$$E_j = -k \times \sum_{i=1}^{n} \boldsymbol{P}_{ij} \times \ln \boldsymbol{P}_{ij}, \left(k = \frac{1}{\ln n} \right) \quad (5-6)$$

其次，用公式（5-6）计算指标熵值，其中 $k \geqslant 0$，$E_{ij} \geqslant 0$，得到标准化信息熵行向量 $\boldsymbol{E}_j = (E_1, E_2, \cdots, E_m)$，$\boldsymbol{E}_j$ 表示指标 j 上众个体的均等化程度较之最大均等化程度的比值。

$$W_j = \frac{1 - \boldsymbol{E}_j}{\sum_{j=1}^{m}(1 - \boldsymbol{E}_j)}, \ (j=1,2,\cdots,m) \quad (5-7)$$

最后，得到权系数行向量 $\boldsymbol{W}_j = (W_1, W_2, \cdots, W_m)$，$W_j$ 反映从个体差异化程度考量指标 j 在所有指标中的重要性，即熵权。

5.2.1.4 计算综合得分

$$S_i = 100 \times \sum_{j=1}^{m} W_j \times X_{ij}, \ (i=1,2,\cdots,n) \quad (5-8)$$

公式（5-8）计算出了各方案的最终得分，W_j 为指标 j 的权重，X_{ij} 为 j 项指标下 i 地区占该指标的比重。S_i 值越大，表明反贫困绩效越高。

连片贫困地区区域反贫困成效测评所需数据主要通过国家统计局年度数据、《中国农村贫困监测报告（2011—2018）》，以及国家统计局网站上国民经济与社会发展公报间接整理获取。

5.2.2 指标体系的构建

为了更为全面地衡量连片贫困地区区域反贫困成效水平，在遵循科学性、全面性的前提下，借鉴已有谭雪兰（2019）、李凯恩（2017）、孙晗霖（2016）等人的研究成果，结合连片贫困地区实际情况，从农村常住居民基本收支成效、住房及家庭设施状况成效、农村居民耐用消费品成效、农村基础设施成效、农村公共服务成效 5 方面着手，共选取 17 个指标来构建反贫困绩效评价指标体系，对我国连片贫困区的减贫情况进行评价。

其中，农村常住居民收入成效包括农村常住居民人均可支配收入、农村常住居民人均消费支出，是衡量区域脱贫的基本状况与先决条件。此类指标的设定目的在于衡量区域的基本脱贫现状。

住房及家庭设施状况成效包括居住竹草土坯房的农户比重、使用经过净化处理自来水的农户比重、独用厕所的农户比重和炊用柴草的农户比重。从居住以及生活的保障角度衡量区域的保障现状，是反映农村居民生活基本保障的指标。

农村居民耐用消费品成效是反映农村家庭消费水平的准则指标，这里选择了汽车、电冰箱与计算机三种物品的每百户农户拥有量来代表。一是这三种物品有国家统计局住户调查 2013—2018 年的常年跟踪调查数据；二是汽车、电冰箱与计算机除了具备消费属性之外，还兼具一些生产功能与文化教育功能，更加能够反映脱贫成效。

农村基础设施成效准则层包括能接收有线电视信号的农户比重、进村主干道路硬化的农户比重、能便利乘坐公共汽车的农户比重、通宽带的农户比重等4个指标。该准则层衡量的是农村基础设施保障程度，反映了农户生产生活的便利程度。

农村公共服务成效包括所在自然村垃圾能及时处理的农户比重、有卫生站的农户比重、上幼儿园便利的农户比重和上小学便利的农户比重四个指标，是度量农村公共产品及公共服务水平的指标。指标体系中居住竹草土坯房的农户比重、炊用柴草的农户比重两个指标为负指标，其余15个指标为正指标。连片贫困地区脱贫成效评价指标体系如表5-6所示。

表5-6 连片贫困地区脱贫成效评价指标体系

目标层	准则层	指标层	指标性质(+/-)	指标解释
脱贫综合绩效	农村常住居民基本收支成效	农村常住居民人均可支配收入	+	反贫困基本情况
		农村常住居民人均消费支出	+	
	住房及家庭设施状况成效	居住竹草土坯房的农户比重	−	生活基本保障
		使用经过净化处理自来水的农户比重	+	
		独用厕所的农户比重	+	
		炊用柴草的农户比重	−	
	耐用消费品成效	每百户农户拥有汽车(辆)	+	居民消费张力
		电冰箱(台)	+	
		计算机(台)	+	
	农村基础设施成效	能接收有线电视信号的农户比重	+	基础设施保障
		进村主干道路硬化的农户比重	+	
		能便利乘坐公共汽车的农户比重	+	
		通宽带的农户比重	+	
	农村公共服务成效	所在自然村垃圾能及时处理的农户比重	+	公共服务水平

续表

目标层	准则层	指标层	指标性质（+/-）	指标解释
脱贫综合绩效	农村公共服务成效	有卫生站的农户比重	+	公共服务水平
		上幼儿园便利的农户比重	+	
		上小学便利的农户比重	+	

5.2.3 成效测量与分级

5.2.3.1 2014—2018年脱贫综合成效测评得分

根据熵值法原理，对连片贫困地区2014—2018年脱贫成效评价进行测量，测量结果如表5-7所示。

表5-7 连片贫困地区2014—2018年脱贫综合成效测评情况

名次	片区	2014年	2015年	2016年	2017年	2018年
1	六盘山区	61.57	62.80	66.94	67.49	65.98
2	秦巴山区	52.64	55.35	60.99	60.70	62.52
3	武陵山区	53.56	56.82	60.67	66.51	74.18
4	乌蒙山区	39.20	44.74	42.78	45.78	47.11
5	滇桂黔石漠化区	55.16	63.58	64.75	68.80	64.93
6	滇西边境山区	43.68	52.57	45.39	46.54	49.29
7	大兴安岭南麓区	57.70	56.39	61.82	63.71	66.41
8	燕山—太行山区	60.13	58.60	61.57	60.06	70.10
9	吕梁山区	51.39	47.00	45.34	43.12	53.05
10	大别山区	69.56	70.58	72.35	74.28	84.47
11	罗霄山区	64.10	68.21	67.11	70.22	74.15
12	西藏地区	31.37	34.04	46.63	42.72	44.56
13	四省藏区	33.41	34.50	36.48	40.17	36.38
14	南疆三地州	63.34	65.47	60.36	70.01	70.32

在脱贫成效评价指标体系的框架下，将各指标权重与指标数值相乘从而得出各个片区脱贫成效得分，由低到高分为3级：低成效水平（0—40）、中成效水平（40—70）、高成效水平（70—100），2014—2018年14个连片贫困地区脱贫成效排序情况如表5-8所示。

表5-8 连片贫困地区2014—2018年脱贫综合成效排序

排序	2014年		2015年		2016年		2017年		2018年	
	片区	成效水平	片区	成效水平	片区	成效水平	片区	成效水平	片区	成效水平
1	大别山区	中	大别山区	高	大别山区	高	大别山区	高	大别山区	高
2	罗霄山区	中	罗霄山区	中	罗霄山区	中	罗霄山区	高	武陵山区	高
3	南疆三地州	中	南疆三地州	中	六盘山区	中	南疆三地州	高	罗霄山区	高
4	六盘山区	中	滇桂黔石漠化区	中	滇桂黔石漠化区	中	滇桂黔石漠化区	中	南疆三地州	高
5	燕山—太行山区	中	六盘山区	中	大兴安岭南麓区	中	六盘山区	中	燕山—太行山区	高
6	大兴安岭南麓区	中	燕山—太行山区	中	燕山—太行山区	中	武陵山区	中	大兴安岭南麓区	中
7	滇桂黔石漠化区	中	武陵山区	中	秦巴山区	中	大兴安岭南麓区	中	六盘山区	中
8	武陵山区	中	大兴安岭南麓区	中	武陵山区	中	秦巴山区	中	滇桂黔石漠化区	中
9	秦巴山区	中	秦巴山区	中	南疆三地州	中	燕山—太行山区	中	秦巴山区	中
10	吕梁山区	中	滇西边境山区	中	西藏地区	中	滇西边境山区	中	吕梁山区	中
11	滇西边境山区	中	吕梁山区	中	滇西边境山区	中	乌蒙山区	中	滇西边境山区	中
12	乌蒙山区	低	乌蒙山区	中	吕梁山区	中	吕梁山区	中	乌蒙山区	中
13	四省藏区	低	四省藏区	低	乌蒙山区	中	西藏地区	中	西藏地区	中
14	西藏地区	低	西藏地区	低	四省藏区	低	四省藏区	中	四省藏区	低

5.2.3.2 成效测评分析

通过建立的包含5个大类17个指标的指标体系，通过熵值法对2014—2018年14个连片贫困地区进行了脱贫综合成效的测量，得出结论如下。

（1）连片贫困地区的综合脱贫成效在稳步提升。脱贫成效为"高"的片区在逐年增加，从2014年的0个"高"脱贫成效片区，到2018年有5个片区脱贫成效得分在70分以上，脱贫成效水平为"高"。脱贫成效为"低"的片区在逐年减少，从2014年有3个"低"脱贫成效片区，到2018年仅有1个片区脱贫成效得分在40分以内，脱贫成效水平为"低"（见表5-9）。

表5-9 连片贫困地区2014—2018年脱贫成效等次

成效等级	片区数量				
	2014年	2015年	2016年	2017年	2018年
高	0	1	1	3	5
中	11	11	12	11	8
低	3	2	1	0	1

（2）连片贫困地区的各个片区从2014—2018年的脱贫成效得分总体上呈上升趋势。从表5-7可以看出，连片贫困地区的各个片区脱贫成效得分大部分随时间的推移而增加，呈现出总体向好的趋势，脱贫成效水平呈现出较强的连贯性。大别山区和罗霄山区2014—2018年一直保持着中高的脱贫成效评价得分，四省藏区、西藏地区和乌蒙山区2014—2018年一直呈现出较低的脱贫成效评价得分。

（3）个别片区的情况值得特别关注。四省藏区脱贫成效测评5年来一直最低，需要特别关注；西藏地区在2016年突然好转，滇西边境山区的测评分数峰值出现在2015年，之后呈现下降走势，与整体情况不符，原因值得挖掘。

5.2.3.3 贫困现状分析

为了深入了解连片贫困地区的贫困现状，我们对2018年的指标进行深入研究。表5-10列示了连片贫困地区2018年脱贫成效评价权重情况，表5-11、表5-12列示了连片贫困地区2018年脱贫成效准则层及指标层的得分情况。

表 5-10 连片贫困地区 2018 年脱贫成效评价权重

准则层	指标层	指标符号	熵值	差异系数	权重	指标解释
农村常住居民基本收支成效	农村常住居民人均可支配收入	S_1	0.958	0.042	0.067	反贫困基本情况
	农村常住居民人均消费支出	S_2	0.949	0.051	0.081	
住房及家庭设施状况成效	居住竹草土坯房的农户比重	S_3	0.963	0.037	0.060	生活基本保障
	使用经过净化处理自来水的农户比重	S_4	0.930	0.070	0.113	
	独用厕所的农户比重	S_5	0.971	0.029	0.047	
耐用消费品成效	炊用柴草的农户比重	S_6	0.972	0.028	0.044	居民消费张力
	每百户农户拥有汽车（辆）	S_7	0.957	0.043	0.068	
	电冰箱（台）	S_8	0.969	0.031	0.050	
	计算机（台）	S_9	0.955	0.045	0.071	
农村基础设施成效	能接收有线电视信号的农户比重	S_{10}	0.971	0.029	0.047	基础设施保障
	进村主干道路硬化的农户比重	S_{11}	0.970	0.030	0.047	
	能便利乘坐公共汽车的农户比重	S_{12}	0.944	0.056	0.089	
	通宽带的农户比重	S_{13}	0.963	0.037	0.059	
农村公共服务成效	所在自然村垃圾能及时处理的农户比重	S_{14}	0.974	0.026	0.042	公共服务水平
	有卫生站的农户比重	S_{15}	0.975	0.025	0.040	
	上幼儿园便利的农户比重	S_{16}	0.977	0.023	0.037	
	上小学便利的农户比重	S_{17}	0.977	0.023	0.037	

表 5-11　连片贫困地区 2018 年脱贫成效准则层得分

片区	农村常住居民基本收支成效	住房及家庭设施状况成效	耐用消费品成效	农村基础设施成效	农村公共服务成效
六盘山区	3.02	19.01	11.64	14.52	17.79
秦巴山区	11.05	10.86	10.79	12.61	17.22
武陵山区	12.18	16.80	14.36	14.07	16.78
乌蒙山区	6.08	12.10	5.82	8.91	14.20
滇桂黔石漠化区	8.29	17.95	13.38	9.61	15.70
滇西边境山区	5.46	12.55	9.34	7.03	14.92
大兴安岭南麓区	8.68	12.54	12.18	18.29	14.72
燕山—太行山区	7.27	15.41	12.51	17.01	17.91
吕梁山区	3.60	15.78	8.09	15.48	10.11
大别山区	14.83	21.90	14.29	14.46	19.00
罗霄山区	10.10	16.30	14.84	12.84	20.08
西藏地区	7.80	8.95	9.68	8.01	10.12
四省藏区	5.68	9.27	10.54	2.96	7.93
南疆三地州	5.47	24.02	5.59	15.73	19.51

根据连片贫困地区 2018 年脱贫成效准则层得分，我们可以看出 14 个连片贫困地区的脱贫优势以及短板所在。农村常住居民基本收支成效准则层中得分最低的是六盘山区和吕梁山区，得分最高的是大别山区和武陵山区；住房及家庭设施状况成效比较显著的是南疆三地州和大别山区，得分最低的是西藏地区和四省藏区；家庭耐用消费品成效准则层得分最高的是罗霄山区和武陵山区，乌蒙山区和南疆三地州得分最低。农村基础设施成效准则层中四省藏区得分显著低于其他地区，大兴安岭南麓区、燕山—太行山区情况较好；农村公共服务成效中罗霄山区和南疆三地州得分较高，四省藏区得分显著偏低。

表 5-12 连片贫困地区 2018 年脱贫成效指标层得分

片区	S_1	S_2	S_3	S_4	S_5	S_6	S_7	S_8	S_9	S_{10}	S_{11}	S_{12}	S_{13}	S_{14}	S_{15}	S_{16}	S_{17}
六盘山区	0.67	2.35	3.06	8.05	4.68	3.22	3.68	3.10	4.86	4.16	3.19	7.17	5.41	3.08	3.60	2.60	3.11
秦巴山区	4.64	6.41	1.69	2.61	4.56	1.99	1.93	3.53	5.33	4.35	3.69	4.57	5.59	2.85	3.76	2.39	2.64
武陵山区	4.03	8.15	5.24	4.14	4.57	2.84	2.43	5.01	6.92	4.45	4.29	5.33	5.28	2.80	3.69	2.43	2.59
乌蒙山区	2.76	3.32	2.60	1.56	3.51	4.43	2.08	0.50	3.24	4.09	2.19	2.63	3.63	1.53	3.02	2.76	3.26
滇桂黔石漠化区	3.48	4.81	5.52	4.63	4.17	3.64	3.85	4.61	4.93	4.26	3.30	2.05	4.83	2.85	2.64	2.53	2.84
滇西边境山区	2.60	2.85	4.88	3.38	1.99	2.31	3.55	2.74	3.04	4.45	1.69	0.89	4.93	2.22	2.42	2.32	3.03
大兴安岭南麓区	4.59	4.10	0.60	6.82	4.68	0.44	3.16	3.96	5.06	4.66	4.74	8.89	5.71	0.42	3.50	2.50	2.59
燕山—太行山区	2.85	4.42	3.42	3.68	4.38	3.92	2.77	3.72	6.02	3.90	4.52	8.59	5.69	2.87	4.01	2.59	2.76
吕梁山区	1.46	2.14	4.15	4.15	3.29	4.18	1.47	2.16	4.46	3.50	4.13	7.85	4.30	1.94	3.12	0.37	0.37
大别山区	6.73	8.10	5.97	8.49	4.30	3.14	3.21	4.72	6.35	3.97	4.52	5.97	5.54	3.66	2.87	3.31	3.62
罗霄山区	4.44	5.66	5.33	3.47	4.48	3.01	3.21	4.48	7.15	4.40	4.35	4.09	5.74	4.20	3.52	3.08	3.54
西藏地区	5.83	1.97	5.24	1.13	0.47	2.12	6.82	1.84	1.01	0.47	3.63	3.91	0.79	2.86	0.40	3.11	2.96
四省藏区	1.92	3.76	2.69	1.38	1.99	3.20	5.40	2.50	2.64	1.18	0.47	1.31	0.59	2.43	1.67	1.58	1.67
南疆三地州	4.66	0.81	5.97	11.28	4.62	2.15	0.68	4.19	0.71	4.66	4.74	6.33	5.89	2.46	3.77	3.69	3.71

在对连片贫困地区2018年脱贫成效准则层得分分析的基础上，细化指标，进行指标层得分分析。农村常住居民人均可支配收入指标得分最低的是六盘山区；农村常住居民人均消费支出得分最低的是南疆三地州；居住竹草土坯房的农户比重得分最低的是大兴安岭南麓区；使用经过净化处理自来水的农户比重得分最低的是西藏地区；独用厕所的农户比重得分最低的也是西藏地区；炊用柴草的农户比重指标中大兴安岭南麓区得分显著低于其余片区；每百户农户拥有汽车指标层得分最低的是南疆三地州，拥有电冰箱得分最低的是乌蒙山区，拥有计算机得分最低的也是南疆三地州；能接收有线电视信号的农户比重指标层西藏地区得分特别低；进村主干道路硬化的农户比重指标四省藏区得分特别低；能便利乘坐公共汽车的农户比重指标得分最低的是滇西边境山区；通宽带的农户比重指标得分最低的是四省藏区和西藏地区；所在自然村垃圾能及时处理的农户比重指标层中大兴安岭南麓区得分显著低于其他片区；有卫生站的农户比重指标层中得分最低的是西藏地区；上幼儿园便利和上小学便利的农户比重指标中，吕梁山区得分显著最低。

以上分析，描述了连片贫困地区各个片区的短板，为各个片区有针对性地采取举措补短板提供了资料建议。

5.3 脱贫综合成效分析与区域特征聚类

在对14个连片贫困地区2013—2018年的贫困程度测量以及脱贫动态成效测评的基础上，我们需要对其贫困现状进行分析。

5.3.1 方法模型与数据来源

5.3.1.1 指标体系的构建

对连片贫困地区贫困现状的测评指标选择，遵循一致性与统一性原则，利用贫困程度测量指标以及脱贫动态成效测评指标，选择距离最近的2018年数据，建立指标体系如下。

其中，贫困程度用贫困广度、贫困深度、贫困强度三个指标来反映。用农村常住居民人均可支配收入、农村常住居民人均可支配收入名义增速、农村常住居民人均消费支出、农村常住居民人均消费支出名义增速，以及农村百户常住居民拥有的汽车、电冰箱和计算机衡量收入消费。用居住竹草土坯房的农户比重、使用经过净化处理自来水的农户比重、独用厕所的农户比重和炊用柴草的农户比重衡量农村常住居民生活基本保障。教育是实现贫困人口稳定脱贫，阻断代际联系的重要保障，交通设施是促进人财物流动、产业发展发展的首要条件，医疗服务是保障兜底的重要措施。信息与通信基础是与外界便捷交流的重要手段。因而，选取教育、医疗、交通及通信设施条件的指标来反映基础设施与公共服务指标，分析贫困地区多维发展能力建设的基础条件，见表5-13。

表5-13 连片贫困地区贫困现状测评指标体系

一级指标	二级指标	指标性质
贫困程度 V1	贫困广度 X_1	负指标
	贫困深度 X_2	负指标
	贫困强度 X_3	负指标
收入消费 V2	农村常住居民人均可支配收入（元）X_4	正指标
	农村常住居民人均可支配收入名义增速 X_5	正指标
	农村常住居民人均消费支出（元）X_6	正指标
	农村常住居民人均消费支出名义增速 X_7	正指标
	汽车（辆/100户）X_8	正指标
	电冰箱（台/100户）X_9	正指标
	每百户农户算机（台/100户）X_{10}	正指标
生活基本保障 V3	居住竹草土坯房的农户比重 X_{11}	负指标
	使用经过净化处理自来水的农户比重 X_{12}	正指标
	独用厕所的农户比重 X_{13}	正指标
	炊用柴草的农户比重 X_{14}	正指标
基础设施与公共服务 V4	能接收有线电视信号的农户比重 X_{15}	正指标
	进村主干道路硬化的农户比重 X_{16}	正指标

续表

一级指标	二级指标	指标性质
基础设施与公共服务 V4	能便利乘坐公共汽车的农户比重 X_{17}	正指标
	通宽带的农户比重 X_{18}	正指标
	所在自然村垃圾能及时处理的农户比重 X_{19}	正指标
	有卫生站的农户比重 X_{20}	正指标
	上幼儿园便利的农户比重 X_{21}	正指标
	上小学便利的农户比重 X_{22}	正指标

5.3.1.2 研究方法的选择

为了能够更加全面地反映连片贫困地区贫困现状，我们构建了包含22个变量四层次指标体系，在连片贫困地区贫困现状测评指标体系中，变量之间存在着相关关系，会导致信息的重叠。因子分析方法在主成分"降维"的思想上，进行扩展与推广，通过研究变量之间的内部依赖关系，探求观测数据中的基本结构，通过对原始变量的相关系数矩阵内容结构的研究，导出能控制所有变量的少数几个综合变量，通过这几个综合变量去描述原始多个变量之间的相关关系，具有较强的客观性。

因子分析的基本模型矩阵如下：

$$\underset{(m\times 1)}{X} = \underset{(m\times P)}{A} \cdot \underset{(p\times 1)}{F} + \underset{\substack{(m\times m)\\(\text{对角阵})}}{C} \underset{(m\times 1)}{U}$$

其中 A 为因子载荷矩阵，X_1、$X_2 \cdots X_m$ 为原始变量，F_1、$F_2 \cdots F_P$ 为公共因子，即

$$\begin{cases} X_1 = a_{11}F_1 + a_{12}F_2 + \cdots + a_{1P}F_P + c_1 U_1 \\ X_2 = a_{12}F_1 + a_{22}F_2 + \cdots + a_{2p}F_P + c_2 U_2 \\ \cdots \\ X_m = a_{m1}F_1 + a_{m2}F_2 + \cdots + a_{mP}F_P + c_m U_m \end{cases}$$

5.3.2 贫困现状因子分析

根据以上的指标体系,选择 14 个连片贫困地区 2018 年的数据,分析其 2018 年贫困现状。选择主成分法估计因子载荷矩阵,分析结果如下。

5.3.2.1 KMO 和 Bartlett 检验及变量共同度结果

KMO 的值为 0.635,Bartlett 球形度检验的 sig. 值为 0.000 小于显著水平 0.05,表明变量之间存在相关关系,适合做因子分析。从表 5-14 看出,因子分析的变量共同度较高,表明变量中的大部分信息能够被因子所选取。

表 5-14 变量共同度表(公因子方差)

	初始	提取
贫困广度 X_1	1.000	0.965
贫困深度 X_2	1.000	0.927
农村常住居民人均可支配收入 X_4	1.000	0.773
人均可支配收入名义增速 X_5	1.000	0.899
人均消费支出 X_6	1.000	0.863
人均消费支出名义增速 X_7	1.000	0.941
电冰箱(台)X_9	1.000	0.891
计算机(台)X_{10}	1.000	0.914
居住竹草土坯房的农户比重 X_{11}	1.000	0.903
使用经过净化处理自来水的农户比重 X_{12}	1.000	0.824
所在自然村能接收有线电视信号的农户比重 X_{15}	1.000	0.930
所在自然村能便利乘坐公共汽车的农户比重 X_{17}	1.000	0.841
所在自然村通宽带的农户比重 X_{18}	1.000	0.938
所在自然村有卫生站的农户比重 X_{20}	1.000	0.950
所在自然村上幼儿园便利的农户比重 X_{21}	1.000	0.895

提取方法:主成分分析

5.3.2.2 因子贡献率

表 5-15 给出了因子贡献率的结果，前 6 个因子的特征值大于 1，且前 6 个因子的特征值之各占总特征值的 90.890%。因此，提取前 6 个因子作为主因子。

表 5-15 因子贡献率表

成分	初始特征值			提取平方和载入			旋转平方和载入		
	合计	方差的 %	累积 %	合计	方差的 %	累积 %	合计	方差的 %	累积 %
1	7.559	34.359	34.359	7.559	34.359	34.359	5.342	24.283	24.283
2	4.652	21.146	55.506	4.652	21.146	55.506	4.395	19.975	44.258
3	2.954	13.425	68.931	2.954	13.425	68.931	4.208	19.126	63.385
4	2.183	9.921	78.852	2.183	9.921	78.852	2.402	10.920	74.304
5	1.407	6.397	85.249	1.407	6.397	85.249	2.157	9.803	84.107
6	1.241	5.640	90.890	1.241	5.640	90.890	1.492	6.782	90.890
7	0.757	3.441	94.331						
8	0.399	1.814	96.145						
9	0.314	1.425	97.570						
10	0.235	1.068	98.639						
11	0.141	0.641	99.280						
12	0.113	0.511	99.791						
13	0.046	0.209	100.000						
14	8.617E-016	3.917E-015	100.000						
15	3.787E-016	1.722E-015	100.000						
16	2.458E-016	1.117E-015	100.000						
17	1.941E-016	8.821E-016	100.000						
18	1.259E-016	5.724E-016	100.000						
19	-2.595E-017	-1.180E-016	100.000						
20	-2.845E-016	-1.293E-015	100.000						
21	-3.063E-016	-1.392E-015	100.000						

续表

成分	初始特征值			提取平方和载入			旋转平方和载入		
	合计	方差的 %	累积 %	合计	方差的 %	累积 %	合计	方差的 %	累积 %
22	−1.186E-015	−5.389E-015	100.000						

提取方法：主成分分析

5.3.2.3 估计因子得分

计算未旋转的因子载荷，得到利用主成分法提取的 6 个主因子的载荷值。采用 Kaiser 标准化的正交旋转法，通过因子旋转，明确因子含义。

表 5-16 成分矩阵（未旋转的因子载荷表）

	成分					
	1	2	3	4	5	6
X_1	0.687	−0.134	0.608	−0.298	−0.099	0.075
X_2	0.431	−0.814	0.140	0.234	0.000	−0.062
X_4	−0.623	0.078	0.588	−0.178	−0.039	−0.035
X_5	−0.095	−0.816	0.110	−0.441	0.115	0.069
X_6	0.560	−0.044	0.670	0.144	−0.090	−0.265
X_7	−0.398	−0.279	0.045	−0.157	0.719	−0.402
X_9	−0.120	−0.215	−0.035	0.811	0.005	0.415
X_{10}	0.910	−0.053	−0.247	0.099	0.002	−0.110
X_{11}	0.018	0.598	0.226	0.340	0.521	0.325
X_{12}	0.551	0.325	−0.425	−0.228	0.419	0.073
X_{15}	0.745	0.215	−0.012	−0.357	0.030	0.472
X_{17}	0.222	0.361	0.560	0.499	0.240	0.204
X_{18}	0.913	0.084	−0.287	0.085	0.020	−0.092
X_{20}	0.850	−0.181	−0.398	0.159	−0.007	−0.105
X_{21}	0.274	0.842	0.001	0.086	−0.230	−0.224

提取方法：主成分

a. 已提取了 6 个成分

表 5-17 旋转成分矩阵（旋转的因子载荷表）

	成分					
	1	2	3	4	5	6
X_1	0.054	0.867	0.105	0.441	−0.054	0.031
X_2	0.325	0.577	−0.684	−0.075	−0.097	−0.074
X_4	−0.850	0.084	0.096	−0.154	−0.003	0.109
X_5	−0.233	0.204	−0.707	0.263	−0.434	0.215
X_6	0.099	0.892	0.174	−0.108	0.119	0.042
X_7	−0.222	−0.152	−0.370	−0.239	0.004	0.821
X_9	0.064	−0.088	−0.454	−0.268	0.584	−0.509
X_{10}	0.865	0.354	0.062	0.190	−0.013	−0.017
X_{11}	−0.069	−0.104	0.296	0.104	0.875	0.155
X_{12}	0.611	−0.183	0.238	0.468	0.141	0.348
X_{15}	0.374	0.248	0.243	0.822	0.106	−0.076
X_{17}	−0.068	0.392	0.222	−0.063	0.792	−0.052
X_{18}	0.882	0.283	0.176	0.221	0.031	−0.006
X_{20}	0.926	0.244	−0.088	0.133	−0.063	−0.062
X_{21}	0.230	0.008	0.896	−0.104	0.139	−0.091

提取方法：主成分
旋转法：具有 Kaiser 标准化的正交旋转法
a. 旋转在 12 次迭代后收敛

5.3.2.4 估计因子得分

表 5-18 成分得分系数矩阵

	成分					
	1	2	3	4	5	6
X_1	−0.105	0.209	0.038	0.141	−0.047	−0.019

续表

	成分					
	1	2	3	4	5	6
X_2	0.055	0.126	−0.151	−0.090	0.001	−0.018
X_4	−0.196	0.107	0.053	−0.007	−0.024	0.039
X_5	−0.083	0.040	−0.155	0.161	−0.109	0.113
X_6	−0.027	0.264	0.082	−0.177	−0.023	0.043
X_7	0.036	−0.022	−0.105	−0.133	0.066	0.585
X_9	0.027	−0.056	−0.189	−0.008	0.350	−0.301
X_{10}	0.167	0.024	0.010	−0.044	−0.027	0.018
X_{11}	−0.028	−0.073	−0.060	0.135	0.460	0.115
X_{12}	0.122	−0.145	−0.016	0.177	0.106	0.235
X_{15}	−0.038	−0.037	−0.010	0.402	0.090	−0.105
X_{17}	−0.052	0.090	−0.028	0.000	0.373	−0.016
X_{18}	0.171	0.001	0.030	−0.027	−0.012	0.023
X_{20}	0.198	−0.011	−0.026	−0.062	−0.034	−0.003
X_{21}	0.054	0.031	0.246	−0.149	−0.073	−0.053

提取方法：主成分
旋转法：具有 Kaiser 标准化的正交旋转法
构成得分

表 5-19　因子得分数据表

片区	F	Fator 1	Fator 2	Fator 3	Fator 4	Fator 5	Fator 6
大别山区	0.6397	−0.1391	1.2414	0.9291	0.8285	0.9899	0.0299
罗霄山区	0.4920	0.1517	1.4178	0.5070	−0.0719	0.8659	−0.6914
武陵山区	0.4475	0.4371	1.1129	−0.0501	−0.2291	0.5691	0.8422
南疆三地州	0.3813	1.2815	−2.1248	1.1482	0.9046	0.5988	1.2202
秦巴山区	0.2184	0.3627	0.9969	0.4169	−0.4852	−0.9920	−0.2690

续表

片区	F	Fator 1	Fator 2	Fator 3	Fator 4	Fator 5	Fator 6
大兴安岭南麓区	0.1314	0.3132	0.4798	0.1990	1.2461	−2.7897	0.6910
滇桂黔石漠化区	0.1257	0.1812	−0.0230	0.2274	−0.7388	0.9042	0.3444
燕山—太行山区	0.1042	0.4280	0.2689	−0.6336	0.6259	0.2664	−0.5339
六盘山区	0.0066	0.8895	−0.4081	−0.5349	−0.1711	0.1905	−0.3854
滇西边境山区	−0.2217	0.0488	−0.6046	0.2146	−1.5445	−0.1795	0.7765
乌蒙山区	−0.4798	0.2831	−1.0002	0.3790	−1.2878	−0.7519	−2.4058
吕梁山区	−0.4912	0.0084	−0.5053	−2.5848	1.3027	0.4503	−0.5837
西藏地区	−0.5859	−2.7516	−0.7782	1.0555	1.0081	0.1496	−0.5233
四省藏区	−0.7683	−1.4946	−0.0735	−1.2733	−1.3875	−0.2715	1.4884

由此反映了 14 个连片贫困地区的贫困现状及贫困成效。因子得分综合排名较高的是大别山区、罗霄山区和武陵山区，排名较低的是西藏地区和四省藏区。6 个主因子排名不同，显示了连片贫困地区发展的优势与短板各自不一。

5.3.3 基于 Fisher 最优分割法的区域聚类

为了揭示不同地区贫困程度的差异，将 14 个连片贫困地区贫困程度因子得分评价值 F，按照从小到大的顺序进行 Fisher 最优分割有序聚类的方法，测算连片贫困地区贫困大小的临界值，建立贫困程度评价值分类分区。

5.3.3.1 最优分割法的分类方法

Fisher 最优分割法是以各分类总离差平方和最小为依据，使得各分类内部差异最小、各分类间差异最大的有序样本聚类分析的有效方法。基本步骤如下。

（1）定义类直径

设 $z_1, z_2, z_3, \cdots, z_n$ 为连片贫困地区贫困程度评价值从小到大的序列，$D(i,j)$ 为连片贫困地区贫困程度评价得分的类直径，即 $D(i,j)$ 为样本离差平方和：

$$D(i,j) = \sum_{t=i}^{j}\left(z_t - \frac{1}{j-i+1}\sum_{t=i}^{j}z_t\right)^2 \qquad (5-9)$$

式中，z_t 为样本特征值，$j > i$。式 (5-9) 的含义是指连片贫困地区贫困程度评价值的类直径等于类内每个区域样本与类平均值的离差平方和，反映该评价的分类的偏离度。

(2) 测算某一分类法的损失函数

设连片贫困地区贫困程度评价值序列 z_i 分为 m 类，$C(n, m)$ 为 n 个样本分 m 类的一种分法，$S[C(n,m)]$ 为对应分法下的损失函数。则 $S[C(n,m)]$ 为：

$$S[C(n,m)] = \sum_{j=1}^{m} D(i_j, i_{j+1}-1) \qquad (5-10)$$

式 (5-10) 是指对应方法下的损失函数等于各个类别的直径和。

(3) 最优分割法则

最优分割法就是当样本数目 n 和分类数目 m 固定时损失函数 $S[C(n, m)]$ 达到最小值时的分类方法。因此，最优分割方法的测算模型为：

$$\begin{cases} \min S[C(n,m)] = \sum_{j=1}^{m} D(i_j, i_{j+1}-1) \\ \text{s.t. } 1 = i_1 < i_2 < i_3 < i_4 < L < i_m < n \end{cases} \qquad (5-11)$$

式 (5-11) 的优化解就是连片贫困地区贫困程度评价值分类的临界点。

(4) 评价值的分类

连片贫困地区贫困程度评价值序列 z_i 的临界点为 $i_m, \cdots, i_2$，所有 $m - 1$ 个临界点将排序的连片贫困地区贫困程度评价值序列划分为 m 类。

5.3.3.2 Fisher 最优分割法的最优分类结果

将按照从小到大排序的连片贫困地区贫困程度评价值的数据代入式 (5-9) ~ (5-11)，使用统计分析软件 SAS 9.1.3 经过编程计算，得到目标函数随分类数变化的曲线图以及目标函数计算结果，如图 5-2 和表 5-20 所示。

依据图 5-2 可以确定最优分割的类别数，如图 5-2 显示，当分类数为 4 的时候，目标损失函数发生了明显拐弯，因此本书的 14 个连片贫困地区贫困程度评价值应分为 4 类。按照贫困的严重水平，定义 14 个区域被划分为"一般严重""较为严重""严重"和"特别严重"4 个类别。

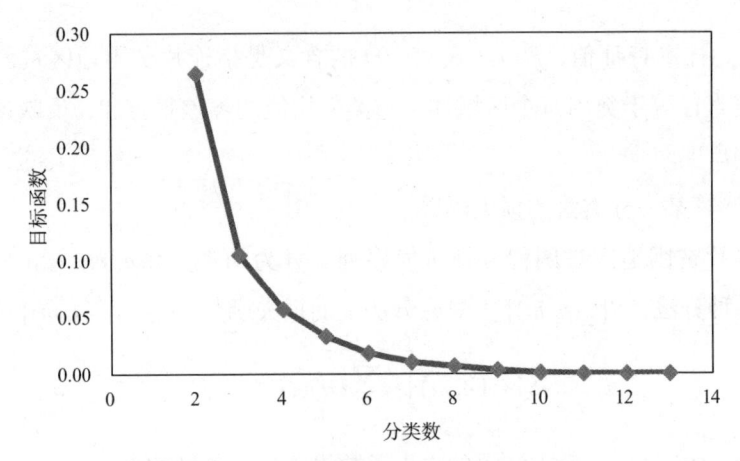

图 5-2 目标函数随分类数变化的曲线图

表 5-20 目标函数计算结果

样本序号	分类数 k，k=2, 3, 4, 5, …, 13						
	k=2	k=3	k=4	k=5	k=6	…	k=13
3	0.000(10)						
4	0.003(10)	0.000(4)					
5	0.022(10)	0.003(5)	0.000(5)				
6	0.048(6)	0.005(5)	0.002(5)	0.000(6)			
7	0.066(5)	0.006(5)	0.003(6)	0.001(6)	0.000(7)		
8	0.082(5)	0.007(5)	0.003(6)	0.001(6)	0.000(7)	…	
9	0.113(5)	0.015(5)	0.007(9)	0.003(9)	0.001(9)	…	
10	0.208(5)	0.030(10)	0.015(10)	0.007(10)	0.003(10)	…	
11	0.410(5)	0.047(10)	0.030(11)	0.015(11)	0.007(11)	…	
12	0.582(4)	0.053(10)	0.030(11)	0.015(11)	0.007(11)	…	
13	0.778(2)	0.067(10)	0.033(11)	0.018(11)	0.010(11)	…	
14	1.060(2)	0.105(11)	0.057(11)	0.033(14)	0.018(14)	…	0.000(14)

依据表5-20可以确定分类临界点,从表5-20可以看到当分类数 $k=4$、样本序号为14时,即14个区域样本分为4类的最小损失函数 $S[C(n,m)]=0.057$,此时最优分割点为11,也就是表示第4类区域包含的有序样本范围为 {11,12,13,14}。当分类数 $k=3$、样本序号为10时,剩余10个区域样本分为3类的最小损失函数 $S[C(n,m)]=0.030$,此时最优分割点为10,也就是表示第3类区域包含的有序样本范围为 {10}。当分类数 $k=2$、样本序号为9时,剩余9个区域样本分为2类的最小损失函数 $S[C(n,m)]=0.113$,此时最优分割点为5,也就是表示第2类区域包含的有序样本范围为 {5,6,7,8,9}。因而剩余的样本 {1,2,3,4} 就是第一类区域。

所以,根据分析结果,可以将14个连片贫困地区贫困程度共分为4类,其中第一类包含有序样本1~4,第二类包含有序样本5~9,第三类包含有序样本10,第四类包含有序样本11~14。因此,根据14个连片贫困地区贫困程度评价值的排序,得到14个连片贫困地区的具体分类结果,见表5-21。

表5-21 连片贫困地区贫困程度分类结果

类别号	类名	排序样本号	名称
1	一般严重	1、2、3、4	大别山区、罗霄山区、武陵山区、南疆三地州
2	较为严重	5、6、7、8、9	秦巴山区、大兴安岭南麓区、滇桂黔石漠化区、燕山—太行山区、六盘山区
3	严重	10	滇西边境山区
5	特别严重	11、12、13、14	乌蒙山区、吕梁山区、西藏地区、四省藏区

从表5-21可以看到,第一类区域包括大别山区、罗霄山区、武陵山区、南疆三地州,此类贫困程度最轻,居民收支水平、农村基础设施、公共服务也均较好。第二类区域有秦巴山区、大兴安岭南麓区、滇桂黔石漠化区、燕山—太行山区、六盘山区,此类地区贫困程度较为严重,居民收支水平均较为低下。第三类区域仅包含滇西边境山区,该地区贫困程度严重,农村居民住房和家庭设施较差。第四类区域有乌蒙山区、吕梁山区、西藏地区、四省藏区,此类区域贫困程度特别严重,农村基础设施、公共服务也最差。

5.3.4　计算结果讨论

在 14 个连片贫困地区 2013—2018 年的贫困程度测量以及脱贫动态成效测评的基础上，采用因子分析法对 2018 年 14 个连片贫困地区的贫困现状进行了测量，采用 Fisher 最优分割法对 14 个连片贫困地区进行了聚类。在测量中使用了本章第 1 节连片贫困地区贫困程度的测量数据，以及第 2 节脱贫动态程度测评时连片贫困地区 2018 年的 17 个指标原始数据。因而，2018 年的现状测评综合了贫困程度、居民收入消费、生活基本保障、农村基础设施与公共服务四方面内容。全面衡量了 14 个连片贫困地区 2018 年的贫困及发展现状。

根据因子分析结果，14 个连片贫困地区贫困及发展现状依次排名如下：大别山区、罗霄山区、武陵山区、南疆三地州、秦巴山区、大兴安岭南麓区、滇桂黔石漠化区、燕山—太行山区、六盘山区、滇西边境山区、乌蒙山区、吕梁山区、西藏地区、四省藏区。

聚类结果为：大别山区、罗霄山区、武陵山区、南疆三地州归为一类；秦巴山区、大兴安岭南麓区、滇桂黔石漠化区、燕山—太行山区、六盘山区；乌蒙山区、吕梁山区、西藏地区、四省藏区归为一类。

聚类分析结果与因子分析结果以及熵值法的 2018 年计算结果高度耦合。

5.4　脱贫现实困境

综合以上实证分析结果，连片贫困地区的贫困既存在普遍性，也存在着特殊性。普遍性在于脱贫政策效果出现了边际效应递减及累退性。连片贫困地区都面临着绝对贫困背后的发展不充分与相对贫困语境下发展不平衡的双重困境。脱贫攻坚已进入"画红线、啃硬期"，集中连片贫困地区扶贫成本与扶贫效益临近阈值。贫困的特殊性使反贫困的"精准"要求更加突出，制度创新、政策创新、实践创新的要求更为迫切。

5.4.1　连片贫困地区经济实力与全国绝对差距加大

连片贫困地区居民收入水平与全国绝对差距加大，相对贫困现象将成为需要瞄准的课题。

连片贫困地区人均 GDP 的增长速度高于全国的平均水平，如表 5-22 所示。2013—2018 年，14 个片区总体人均 GDP 逐年年增长率为 8.60%，超过同期全国水平 0.45 个百分点。分片区来看，以西藏地区和滇桂黔石漠化区尤为突出，高出全国人均 GDP 增长率 5.89 和 4.24 个百分点。而大兴安岭南麓区、燕山—太行山区和四省藏区人均 GDP 增速最低，分别低于全国水平 4.76、3.49 和 3.49 个百分点。

表 5-22　14 个连片贫困地区与全国人均 GDP 比较情况

片区	人均 GDP / 万元						人均 GDP 增长率 / %		
	2013	2014	2015	2016	2017	2018	2018/2013 增长率	逐年年增长率	与全国增长率比较
六盘山区	1.37	1.52	1.54	1.64	1.69	1.80	31.39	5.66	−2.49
秦巴山区	1.65	1.82	1.94	2.12	2.38	2.60	57.58	9.54	1.38
武陵山区	1.42	1.59	1.74	1.92	2.11	2.24	57.75	9.56	1.41
乌蒙山区	1.16	1.28	1.39	1.52	1.69	1.78	53.45	8.96	0.80
滇桂黔石漠化区	1.30	1.49	1.67	1.89	2.15	2.33	79.23	12.40	4.24
滇西边境山区	1.61	1.74	1.91	2.10	2.33	2.46	52.80	8.86	0.71
大兴安岭南麓区	1.89	2.00	2.13	2.20	2.22	2.23	17.99	3.39	−4.76
燕山—太行山区	3.01	2.94	2.99	3.24	3.37	3.76	24.92	4.66	−3.49
吕梁山区	1.53	1.65	1.55	1.67	2.01	2.33	52.29	9.16	1.00
大别山区	1.34	1.46	1.54	1.67	1.82	1.97	47.01	8.02	−0.14
罗霄山区	1.69	1.86	2.01	2.22	2.44	2.67	57.99	9.58	1.43
西藏地区	1.90	2.12	2.39	2.76	3.28	3.66	92.63	14.04	5.89
四省藏区	3.01	2.94	2.99	3.24	3.37	3.76	24.92	4.66	−3.49
南疆四地州	1.43	1.57	1.74	1.66	1.85	1.95	36.36	6.57	−1.58
全部片区总体情况	1.49	1.64	1.75	1.91	2.10	2.25	51.01	8.60	0.45
全国平均水平	4.36	4.69	4.99	5.35	5.90	6.45	47.94	8.16	—
全部片区/全国水平/%	34.17	34.97	35.07	35.70	35.59	34.88	—	—	—

从人均 GDP 的数值看，连片贫困区只占全国水平的三分之一左右，远低于全国的平均水平。2018 年，12 个片区中人均 GDP 最高的四省藏区的人均 GDP 3.76 万元，仅为全国人均 GDP 6.60 万元的 56.96%。而且，从 2013 年至 2018 年，连片贫困地区人均 GDP 与全国人均 GDP 的差异并未增加。四省藏区 2018 年人均 GDP 占全国平均水平的比重比 2013 年下降了 11 个百分点，大兴安岭南麓山区 2018 年人均 GDP 占全国平均水平的比重比 2013 年下降了 9 个百分点。片区间与片区内部呈分化态势。2018 年乌蒙山区人均 GDP 最低，为 1.78 万元，仅为最高片区四省藏区的 47.34%，是全部片区整体水平的 79.11%，仅为全国平均水平的 27.60%。

从人均 GDP 的数量变化来看，2018 年全国人均 GDP 增加 2.09 万元，比 2013 年增长 47.9%，全部片区总体人均 GDP 增加 0.76 万元，增长 51.0%。人均 GDP 增幅超过 50% 的有秦巴山区、武陵山区、乌蒙山区、滇桂黔石漠化区、滇西边境山区、吕梁山区、罗霄山区和西藏地区 8 个片区，其中西藏区变化最多，增加了 1.38 万元，增长 45.85%。南疆四地州、六盘山区、燕山—太行山区、四省藏区和大兴安岭南麓山区人均 GDP 增幅较低，分别为 36.36%、31.39%、24.92%、24.92% 和 17.99%，其中，大兴安岭南麓山区人均 GDP 的绝对增量最小。这些地区是脱贫攻坚和 2020 年之后需要重点关注的地区。

5.4.2 连片贫困的脱贫可持续性受到巨大挑战

脱贫的可持续性有两层含义：第一是指贫困消减能够较长时间地维持；第二是指减贫行动和措施不会出现偏差。在连片贫困地区贫困人口数量减少的同时，"返贫"问题越来越突显。2008 年，范小建从机制和风险两方面总结了返贫原因。在机制方面，返贫原因在于财政扶贫资金的效果不能持续，财政资金更多地发挥了生活救济的作用，而没有起到"帮扶"的作用；返贫风险原因体现在地震、风暴、极端天气等自然灾害，以及疾病造成大量人员返贫。此外，一些偶发因素，如项目政策落实不到位等问题也会造成返贫。另外，脱贫不可持续性还间接体现为贫困长期性、代际传递现象。在连片贫困地区秦巴山区的调研中，受访的长期贫困户中 86.5% 的农户上代也是贫困户。在连片贫困地区，相当部分农户属于多代贫困。

连片贫困地区自然环境特别脆弱，水土流失、沙漠化严重，地震、泥石流等自然灾害多发，脆弱的生态、恶劣的自然环境冲击农业生产活动，损害居民家庭生命财产，破坏公共基础设施。连片贫困地区地方病高发，疾病也是导致贫困的重要冲击因素。患病成员及其家庭医疗负担增加，人力资本、时间资本、物质积累资本降低，造成家庭收入下降、资产减少，使农村贫困人口面临着沉重的影响，抑制家庭的可持续发展能力，使家庭陷入持续的贫困。灾害与疾病是导致贫困和返贫最主要、最直接的原因。

随着经济增速的下降，经济增长的涓滴效应带来的减贫作用逐渐弱化，自然资源的过度消耗和破坏，以及社会制度改革中出现的不平衡等因素都是制约脱贫可持续性的重要因素。"连片贫困"是连片贫困地区的突出特征，贫困程度深、面积大、强度强，传统因素和新增致贫因素交织在一起，要保证可持续地减贫，其任务将非常艰难。

随着反贫困进程的不断推进，贫困减缓的速度有所下降，连片贫困地区农村贫困人口占全国农村贫困人口的比重从2017年以后突然上升。局部地区还出现了贫困人口绝对数和相对比例增加的情况，脱贫的可持续性受到巨大挑战，如何实现提升脱贫质量是脱贫长效机制确立的前提。同时，不同减贫模式的可持续性也不尽相同，需要更加深入地调查测评，以指引最优脱贫政策。

5.4.3 扶贫资源出现内卷化现象

对连片贫困地区贫困指数的计算，衡量了连片贫困地区贫困的深度、广度与强度。连片贫困地区收入处于贫困线以下的贫困人口逐年减少，贫困的覆盖面在逐年收缩。连片贫困地区贫困人口的收入逐年提升，贫困人口中收入的不平等程度也在逐年缓解，表明特别贫困的群体正在缩减。连片贫困地区整体减贫成效显著，贫困人口整体收入得到了较大提升，贫困的广度、深度均显著减轻，但是，贫困的强度减缓速度不如广度与深度，且在地区之间存在着较大差异。贫困强度减缓速度弱于贫困广度与深度指数表明扶贫资源出现了内卷化现象。一方面，在扶贫资源投入不断增加的情况下，扶贫系统内部操作越发精细化和复杂化，但出现了边际效应递减、治理体系悬空的困境，陷入难有实质性发展的刚性结构之中。反贫困从"救济式"向"开发式"转变的阻力增加，贫困人口和贫困地区达到可持续发展的减贫目标受到阻碍。另一方面，扶贫资源集中在距离贫困线近的低程度贫困人群中，而距离贫困线远的深度贫困人口减贫越发困难。

5.4.4 扶贫政策出现边际效应递减

从表 5-23 减贫人口实际值与预测值对照表可以看出，2012 年是一个拐点。2012 年之前，贫困人口实际值下降速度超过预测值；2012 年之后，贫困人口实际值下降的速度小于预测值。全国、西部地区、中部地区和东部地区的贫困人口实际减少值与预测减少值的差异在逐年增加，每年实际减贫人口数量呈现下降趋势。一方面反映出反贫困的速度逐渐减缓，表明贫困人口越来越少，减贫成效显著。另一方面，也反映出宏观性经济增长与微观的扶贫政策效果产生了边际递减效应。随着脱贫攻坚的深入，剩余的贫困地区和贫困人口脱贫难度越发突出。

表 5-23 2011—2020 年减贫人口实际值与预测值对照表

单位：万人

时间	全国实际值	全国预测值	西部实际值	西部预测值	中部实际值	中部预测值	东部实际值	东部预测值
2011	-4329	-2198.40	-2084	-1103.00	-1313	-708.80	-932	-386.80
2012	-2339	-5351.57	-1259	-2672.58	-792	-1645.29	-288	-1101.01
2013	-1650	-1915.70	-877	-999.47	-577	-655.01	-196	-204.98
2014	-1232	-1099.18	-609	-543.99	-408	-397.11	-215	-110.19
2015	-1442	-744.93	-686	-314.99	-454	-234.10	-303	-161.68
2016	-1240	-1289.48	-663	-614.59	-413	-401.04	-163	-293.49
2017	-1289	-1063.73	-617	-620.63	-482	-366.62	-190	-113.04
2018	-1386	-1220.85	-718	-572.45	-515	-499.07	-153	-163.90
2019	-1109	-1397.11	-593	-760.78	-416	-540.83	-100	-123.52
2020	—	-981.83	—	-535.12	—	-373.08	—	-63.23

2013 年以来，我国脱贫人口呈现出典型的网络结构形态的空间关联关系。

良好的政策实施能够促进有效脱贫。2014—2016 年，脱贫人口空间关联网络的网络密度值持续增加，脱贫人口空间关联网络的联系越来越紧密。空间关联关系表明：第一，经济强省或位于沿海地区省份，其点度中心度显著高于全国均值；第二，发达省份贫困率低，脱贫人口数量小，故点入度一般大于均值；第三，点出度大于均值省份脱贫人口对其他省份具有较强的溢出效应；第四，随着脱贫攻坚战政策的推进，各省份脱贫能力正在进一步减弱；第五，目前脱贫人口空间关联网络的溢出效应和溢入效应存在均衡性，表明脱贫人口并未发生大规模性的迁移。深度贫困人口仍然被锁定在深度贫困地区。

连片贫困地区地理位置特殊，多处于省界、国界交界之处，因此涉及跨行政区划公共治理，存在行政区行政封闭性与公共治理的跨界性的矛盾，带来跨区域治理矛盾困境，主要表现在以下三个方面。

第一，我国的省（市）分布中行政中心与经济中心的高度契合，从行政区中心到边界，经济发展、社会服务、公共设施状态逐渐衰减。连片贫困地区多位于省（市）边界，属于衰减程度最高的地区。

第二，行政区政府为了促进发展，会出现一些狭隘的地方主义倾向，导致生产要素在跨行政区流动中受到阻碍，带来了边界屏障效应。

第三，区域贫困、流域治理、环境保护等一系列公共问题具有不可分割的公共性，都超越了传统行政区划边界。这些问题在行政区行政条件下无法解决。

由于连片贫困地区的边缘性、跨区性，导致中央政府制定的政策，可能没有被地方政府"彻底地执行"，地方政府相互之间制定和执行各自政策、选择性地接受政策，"以邻为壑"，导致政策的"碎片化"，使政策实施效果降低。

5.4.5 社会组织脆弱制约脱贫效率的提升

我国公共服务由政府主导，公共服务由政府采购、验收，公共服务的提供者不是对居民直接负责。政府是公共服务供给的决定性力量，没有形成治理的多主体、多中心，无法发挥社会组织在公共服务治理方面应有的作用。连片贫困地区属于不同的行政区，虽然山同脉、水同源，自然与经济发展状态相似，但各级政府各自负责自己管辖行政区内的事务，跨域公共问题服务缺失，造成"屏障效应"和"切边效应"。在公共服务的购买、公共资源的配置过程中，更多地依靠政府行政命令，市场应有的作用在一定程度上被遏制。长期以来，政府、企业是公共服务供给者，社会组织的作用没有得到充分发挥，制约了脱贫效率的提升。

5.5 小结

本章对连片贫困地区的脱贫成效及贫困现状进行了测量。首先测量了连片贫困地区整体以及14个连片贫困地区各自的贫困指数，包括反映贫困广度的H指数、反映贫困深度的PG指数和反映贫困强度的SPG指数。对连片贫困地区自确立以来的脱贫成效进行了宏观判断。结果表明连片贫困地区整体减贫成效显著，但是各个连片贫困地区脱贫效果与贫困现状存在着较大差异。

其次采用熵值法建立指标体系，对14个连片贫困地区2014—2018年的脱贫成效进行测量评价，得出了14个连片贫困地区2014—2018年以来的脱贫成效变化轨迹。测评结果表明连片贫困地区的综合脱贫成效在稳步提升，呈现出总体向好的趋势。脱贫成效水平呈现出较强的连贯性。但是个别片区的情况值得特别关注。如四省藏区长期最低，滇西边境山区成效分数与整体情况不符。

测量了贫困程度以及脱贫动态成效之后，就可以在此基础上对连片贫困地区贫困现状进行分析判断。最后，在贫困程度测量以及脱贫成效动态评述的基础上，建立综合指标体系，对连片贫困地区贫困及发展现状进行因子分析和聚类，全面衡量了14个连片贫困地区2018年的贫困及发展现状。

结果表明现连片贫困地区的贫困既存在普遍性，也存在着特殊性。普遍性在于脱贫政策效果出现了边际效应递减及累退性。连片贫困地区都面临着发展不充分导致的绝对贫困和发展不平衡带来的相对贫困，双重困境导致扶贫成本与扶贫效益临近阈值，脱贫可持续性受到巨大挑战，贫困治理面临一系列突出问题。随着社会经济快速发展，某些既有扶贫政策和扶贫方式必须进行改进，并要预测未来贫困状态，进行机制创新。贫困的特殊性使反贫困的"精准"要求更加突出，制度创新、政策创新、实践创新的要求更为迫切。

6 基于生计脆弱性的脱贫农户返贫状况调查

第5章在对我国连片特困地区以及反贫困描述性评价基础之上,对连片特困地区的脱贫成效以及趋势进行了测评预判,从宏观角度分析了连片贫困地区的整体贫困情况以及脱贫成效。计算了连片贫困地区整体以及14个连片贫困地区的 H、PG、SPG 贫困指数,全面把握了连片贫困地区整体以及各个片区从2013—2018年的整体贫困广度、深度以及强度。确定了脱贫成效评价指标体系,采用熵值法对14个连片贫困地区的脱贫成效进行了实证分析。在宏观测评与分析的基础上发现:连片贫困地区的贫困反复性和波动性强、贫困分布与资源贫瘠区高度耦合、贫困的脆弱性表现突出,且贫困程度呈现区域差异化;14个连片贫困地区贫困程度不同,脱贫成效也存在差异化现象。随着时间的推移,连片贫困地区人均 GDP 及可支配收入与全国平均水平的差距进一步拉大,脱贫政策效应出现了边际效应递减与内卷化现象,脱贫可持续性受到重大挑战,面临着一系列贫困治理困境。

Yuya Kajikawa(2008)在梳理评论国际学术研究成果基础上,指出研究减贫的可持续性主要是分析宏观经济增长、交通道路投资、土壤肥力提高、公共部门投资等减贫行动对贫困的影响。它可以从贫困人口减少数、就业质量、投入成本、制约条件等方面进行定性或定量判断。为了深入挖掘基层扶贫工作的成效、评价脱贫的质量、脱贫政策的效应,梳理脱贫攻坚关键时期的突出问题,为建立贫困地区、贫困人口发展长效机制打好基础,本章以秦巴山区为调查对象进行案例分析。2017年以来,笔者密切关注秦巴山区贫困问题及脱贫情况,对秦巴山区多个贫困县区进行了长期调查研究。本章内容将基于在秦巴山区开展的"连片贫困地区精准扶贫成效评估"扶贫对象抽样调查问卷数据以及深度访谈资料,结合国家统计局、陕西省统计局以及商洛市统计数据,在前文理论研究以及贫困宏观测评、成效综合测评的基础上,对秦巴山区脱贫以及返贫情况进行调查、测量、分析与评价。通过多种测评方法和模型的探索应用,进行更为深入全面的成效评估分析,以便进一步挖掘问题。

6.1 样本区脱贫现状梳理

6.1.1 基本情况及脱贫综合成效

秦巴山区包括陕西、河南、湖北、四川、重庆、甘肃六个省(直辖市)的76个县(区),是革命老区县比较集中的地方,面积约22万平方公里,主体位于陕南地区。秦巴山区地处我国自然环境的十字交叉带,是南水北调的水源涵养地,生态环境复杂,水资源丰富,保护生物多样性与发展地区经济的矛盾比较突出。

2011年至2018年,秦巴山区农村常住居民人均可支配收入从4638元增加到10751元,农村常住居民人均消费支出从4538增加到9421元。农村常住居民人均可支配收入年均增长12.77%,农村常住居民人均消费支出年均增长11.10%,农村居民收入支出比从2011年的102.20%增加到2018年的114.12%,农村居民生活收入水平在不断提升。

表6-1 秦巴山区2011—2018年农村居民收支基本情况

时间	2011	2012	2013	2014	2015	2016	2017	2018
农村常住居民人均可支配收入/元	4638	5366	6219	7055	7967	8769	9721	10751
名义增速/%	—	15.7	15.9	13.4	12.9	10.1	10.8	10.6
农村常住居民人均消费支出/元	4538	5106	5739	6229	7057	7678	8450	9421
名义增速/%	—	12.5	12.4	8.5	13.3	8.8	10	11.5
收入支出比/%	102.20	105.09	108.36	113.26	112.89	114.21	115.04	114.12
农村贫困人口/万人	815	684	559	444	346	256	172	101

2015—2018年,秦巴山区居住竹草土坯房的农户比重从11.6%下降到4.7%,使用经过净化处理自来水的农户比重从27.4%增加至41.5%,炊用柴草的农户比重从68.5%下降到55.9%,农村居民住房及家庭设施逐年改善。同时,消费水平也在逐年提升,2015—2018年,拥有汽车的每百户农户比重提升了近3倍、拥有电冰箱、农户计算机的农户比重也在大幅增加。

表6-2 秦巴山区2015—2018年农村居民住房消费及农村基础设施基本情况

时间	2015	2016	2017	2018
居住竹草土坯房的农户比重 / %	11.6	9.4	8.9	4.7
使用经过净化处理自来水的农户比重 / %	27.4	31.2	34.0	41.5
独用厕所的农户比重 / %	97.5	97.9	98.0	98.5
炊用柴草的农户比重 / %	68.5	65.0	65.2	55.9
每百户农户拥有汽车 / 辆	5.5	8.4	9.5	15.1
每百户农户电冰箱 / 台	64.3	72.7	76.1	84.8
每百户农户计算机 / 台	13.2	16.1	17.5	16.4
所在自然村能接收有线电视信号的农户比重 / %	98.8	97.4	98.8	98.7
所在自然村进村主干道路硬化的农户比重 / %	74.1	97.0	98.2	98.1
所在自然村能便利乘坐公共汽车的农户比重 / %	49.0	63.3	67.5	69.7
所在自然村通宽带的农户比重 / %	55.4	80.2	87.3	96.7
所在自然村有卫生站的农户比重 / %	96.3	93.6	95.2	96.3
所在自然村上幼儿园便利的农户比重 / %	52.7	76.0	81.9	84.7
所在自然村上小学便利的农户比重 / %	55.0	82.2	85.3	87.6

农村基础设施不断完善。2015—22018年,所在自然村能接收有线电视信号的农户比重一直在98%以上(2016年除外),所在自然村进村主干道路硬化的农户比重增加了24个百分点,所在自然村能便利乘坐公共汽车的农户比重增加了20.7个百分点,所在自然村通宽带的农户比重从55.4%增加到96.7%,农村基础设施,尤其是信息化建设取得了大幅进步。所在自然村上幼儿园便利的农户比重从52.7%增加到84.7%,所在自然村上小学便利的农户比重从

55.0%增加到87.6%,农村公共服务水平得到改善。农村居民"两不愁、三保障"问题得到解决。

2011—22018年,秦巴山区贫困人口从815万人下降到101万人,减贫714万人,年均减贫102万人。农村贫困发生率从27.6%下降到3.6%,累计下降24个百分点。2013—22018年,秦巴山区贫困广度指数从19.5%下降到3.6%,排名从第9名至第11名;深度指数从24.82%下降到8.80%,排名从第3名至第10名;贫困强度指数从2013年的31.60下降到23.57%,排名从第3名至第7名。贫困的广度、深度、强度绝对值逐年下降,且在14个连片贫困地区中的贫困程度排名在逐年下降,表明秦巴山区减贫速度在14个连片贫困地区中取得了突出成绩,见表6-3。

根据第5章对14个连片贫困地区的脱贫成效综合测评,2014年至2018年,秦巴山区脱贫成效得分依次为52.64、55.35、60.99、60.70、62.52分,在14个连片贫困地区中排名为第7~9名,脱贫成效水平为"中"。

表6-3 秦巴山区2013—2018年脱贫动态水平

时间	2013	2014	2015	2016	2017	2018
农村贫困发生率/%(排名)	19.5(9)	16.4(11)	12.3(11)	9.1(11)	6.1(12)	3.6(11)
贫困深度指数/%(排名)	24.82(3)	24.92(6)	22.02(7)	18.30(9)	13.94(10)	8.80(10)
贫困强度指数/%(排名)	31.60(3)	37.87(3)	39.43(4)	36.81(5)	31.86(7)	23.57(7)
脱贫成效测评得分	—	52.64	55.35	60.99	60.70	62.52
得分排名	—	9	9	7	8	9
成效水平	—	中	中	中	中	中

6.1.2 贫困现状分析评价

根据上一章对连片贫困地区贫困现状的因子分析结果,秦巴山区综合因子0.2184,在14个地区中排名第五,排名次于大别山区、罗霄山区、武陵山区和南疆三地州,排名高于大兴安岭南麓区、滇桂黔石漠化区、燕山—太行山区、六盘山区、滇西边境山区、乌蒙山区、吕梁山区、西藏地区和四省藏区。聚类分析结果秦巴山区与大别山区、武陵山区、大兴安岭南麓区、罗霄山区为一类,属于14个片区中贫困程度最轻,居民收支水平、农村基础设施、公共服务较好的一类。

2018年脱贫成效准则层、指标层得分及排名情况如表6-4所示。从农村常住居民基本收支成效、住房及家庭设施状况成效、耐用消费品成效、农村基础设施成效及农村公共服务成效五个准则层来看,秦巴山区农村常住居民基本收支成效成绩最突出,在14个片区中排第3名,住房及家庭设施状况成效较差,在14个片区中排第12名,农村公共服务成效排第6名,耐用消费品成效排第8名,农村基础设施成效排第9名。因此,秦巴山区农村常住居民住房及家庭设施是急需加强改进的方面。

从细分的指标层来看,秦巴山区农村常住居民人均可支配收入、农村常住居民人均消费支出排第4名和第3名,表明秦巴山区脱贫工作在农村居民收入这一方面取得了不错的成绩。在住房及家庭设施这个薄弱环节中,除了独用厕所的农户比重这一指标排名第5之外,居住竹草土坯房的农户比重、使用经过净化处理自来水的农户比重和炊用柴草的农户比重三个指标排名都在第11～13名之间,是急需重点解决的内容。上幼儿园便利的农户比重(第11名)、上小学便利的农户比重(第10名)这两个指标也是薄弱点。因此,秦巴山区现阶段的反贫困要重点关注农户住房、饮水及做饭燃料,改善农村住房及家庭设施;要特别关注农村幼儿园及小学建设,重视教育,提高居民素质,摆脱代际贫困。

表6-4 秦巴山区2018年脱贫成效准则指标得分排名表

准则层	得分	排名	指标层	指标符号	得分	排名
农村常住居民基本收支成效	11.05	3	农村常住居民人均可支配收入	S_1	4.64	4
			农村常住居民人均消费支出	S_2	6.41	3
住房及家庭设施状况成效	10.86	12	居住竹草土坯房的农户比重	S_3	1.69	13
			使用经过净化处理自来水的农户比重	S_4	2.61	11
			独用厕所的农户比重	S_5	4.56	5
			炊用柴草的农户比重	S_6	1.99	13

续表

准则层	得分	排名	指标层	指标符号	得分	排名
耐用消费品成效	10.79	8	每百户农户拥有汽车(辆)	S_7	1.93	12
			电冰箱(台)	S_8	3.53	8
			计算机(台)	S_9	5.33	5
农村基础设施成效	12.61	9	能接收有线电视信号的农户比重	S_{10}	4.35	6
			进村主干道路硬化的农户比重	S_{11}	3.69	8
			能便利乘坐公共汽车的农户比重	S_{12}	4.57	8
农村公共服务成效	17.22	6	通宽带的农户比重	S_{13}	5.59	5
			所在自然村垃圾能及时处理的农户比重	S_{14}	2.85	6
			有卫生站的农户比重	S_{15}	3.76	3
			上幼儿园便利的农户比重	S_{16}	2.39	11
			上小学便利的农户比重	S_{17}	2.64	10

6.2 脱贫与返贫调查

对连片贫困地区的脱贫成效评价建立在基于国家统计数据、国家统计局住户调查办公室中国农村监测报告数据分析的基础上。连片贫困地区农户，尤其是贫困户是参与脱贫的主体，对自身贫困状况、自己所参与扶贫项目效果、所感知的扶贫政策效应有更为直接的感受，扶贫对象比之扶贫主体更加了解实际的需求和受益情况。贫困地区群众，尤其是贫困户所形成的主观满意度，是衡量扶贫在多大程度上满足了需求、其效果与自身预期的感知是否一致的重要判断依据。贫困地区群众在逐步参与脱贫的过程中形成的主观认识和评估，会对扶贫资源配置的瞄准精度、资源投入和过程管理产生重要影响。只有通过扶贫对象的主观评估才能全面深入挖掘出反贫困工作存在的问题以及下一步的改进举措，扶贫对象的主观评估指标是脱贫成效评估体系的重要组成部分。

6.2.1 理论依据

我国的反贫困历经了农村体制改革推动式扶贫，资源倾斜贫困县的开发式扶贫和精准扶贫阶段，不同阶段的反贫困模式与资源配置重点不同，各个阶段扶贫工作都取得了显著成效，各项扶贫指标显著降低。但是，经济增长的涓滴效应对深度贫困地区及人口的减贫效应显著削弱，收入不平等、地域不平等问题逐渐凸显。

贫困是一个复杂的社会现象，致贫的原因也是多方面的，既有个人、家庭的原因，也有社会、制度、政策的原因，自然因素与社会因素交织、历史原因与现实问题并存，多重因素的叠加使得贫困呈现多维度的特征。连片贫困地区贫困面广、贫困发生率高、贫困程度深，脱贫难度大，多维贫困状态更为突出。前文从经济学、社会学、政治学不同视角界定了贫困，贫困由物质基础、政策环境以及贫困主体三方面因素共同作用。脱贫是政府确定目标、实施方案、配置资源，贫困群体接受资源、生活生产发生改变，政府扶贫成果展现的一个复杂的过程。反映在贫困人口方面，是收入增长、资产增加、能力提升，反映在贫困地区，是经济增长、社会发展，反映在国家层面，是改善民生、社会和谐。因而，脱贫成效需要设置多种维度来衡量。

在之前的章节中，梳理了中华人民共和国成立后国家反贫困的成效，并对我国的减贫趋势进行了预测，分析了现阶段及未来减贫工作所面临的问题。连片贫困地区是脱贫工作的"坚中之坚"。在分析国家宏观脱贫成效的基础上，对连片贫困地区脱贫成效及贫困现状进行了测评，详细测量了连片贫困地区的贫困程度、评价了连片贫困地区的脱贫动态成效，并对贫困现状与问题进行了论述，对连片贫困地区整体情况以及14个连片贫困地区进行了纵横对比评述。从宏观上了解连片贫困地区的脱贫成效及贫困现状。

随着脱贫攻坚的深入，贫困人口的收入进一步提升，家庭生产资料、生活资料也在进一步增加。整体脱贫成效显著，总体扶贫政策效应发挥了正向作用。然而，脱贫效果不仅要看数量规模，更要看持续质量。如果短时间内能够减贫，但发生风险，很快返贫，这种脱贫质量就不高。因此，脱贫效果的稳定性与可持续性是检验脱贫成效的重要标准。由于贫困的多维属性，仅仅凭借短期收入的增加不能保证持续稳定的脱贫，另外，由于连片贫困地区艰难的自然属性，脱贫人口在生计资本的存量和结构方面仍存在着返贫风险，特别贫困人口徘徊在贫困线的边缘。因此，分析扶贫政策的实施效应评价成为脱贫成果巩固、阻止返贫的重要组成部分。阻止返贫、巩固脱贫成果、保障长效脱贫是当前及今后一个阶段我国脱贫工作和反贫困研究的方向。

可持续生计于20世纪90年代被引入贫困领域，可持续生计框架内嵌物质、人力、金融、社会、自然5种资本。可持续生计五边形代表一种平衡而稳定的状态，当五边形向内缩小空间时，表明农户获取生计资本的能力不足，向外拓展时，表明生计资本得到提升，五个角代表5种资本，当某个角比较突出时，贫困户就会考虑用此资本弥补其他资本的不足，见图6-1。区域位置、地理特征可以通过加强基础设施建设来改善，区域经济产业发展可以通过产业扶贫来提升，教育文化环境可以通过教育扶贫、精神扶贫来改良，贫困户通过参与这些扶贫举措，从而提升生计资本，发展现代农业、进行合作分工、移风易俗，创设优良农村文化，继而提升收入、提高素质，阻止返贫，实现长效发展。

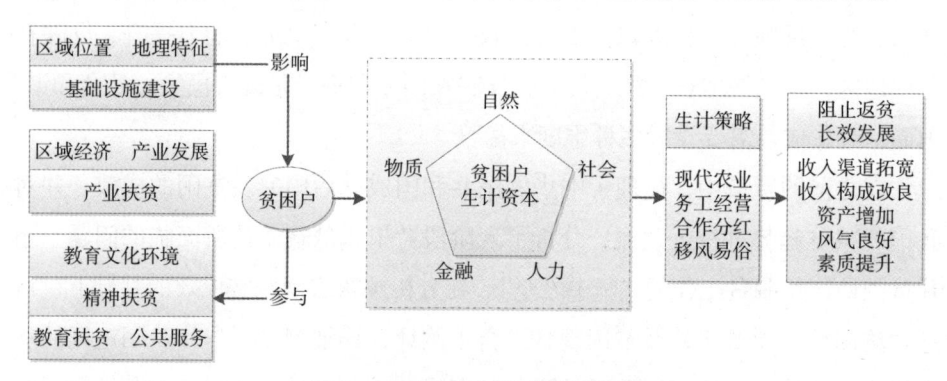

图6-1 脱贫可持续生计框架图

随着贫困发生率的下降，贫困县逐渐摘帽，贫困户的生计资本得到进一步丰富，部分脱贫家庭在生计资本存量和结构方面仍存在一定返贫风险，尤其连片贫困地区剩余深度贫困人口生计资本极其缺乏，保障长效脱贫成为我国扶贫政策的后续发展方向。因此，通过对贫困户生计脆弱性的测量，可以衡量脱贫效果的可持续性，对提升扶贫政策的针对性和实效性具有重要意义。

本章将从脱贫农户视角出发，利用可持续性生计分析框架，测算其家庭生计状况，进而探究扶贫政策对贫困户家庭生计可持续性的影响效应，以此评价单体扶贫政策的影响差异，结合之前论述的总体扶贫政策效应，探讨阻返及脱贫长效机制。

6.2.2 数据来源

秦巴山区在确定之初有贫困县76个，其中陕南汉中、安康、商洛三市，除汉中市汉台区之外，其余27个县（区）均在贫困县之列，占秦巴山区贫困县的35.53%。

表6-5 秦巴山区区县名单（2011年）

省（直辖市）	市	贫困县
陕西省	商洛市	商州区、洛南县、山阳县、镇安县、柞水县、丹凤县、商南县
	安康市	汉滨区、汉阴县、石泉县、宁陕县、紫阳县、岚皋县、平利县、镇坪县、旬阳县、白河县
	汉中市	南郑县、城固县、洋县、西乡县、勉县、宁强县、略阳县、镇巴县、留坝县、佛坪县
	西安市	周至县
	宝鸡市	太白县
湖北省	十堰市	郧县、郧西县、丹江口市、竹山县、竹溪县、房县
	襄樊市	保康县
河南省	洛阳市	栾川县、嵩县、汝阳县、洛宁县
	平顶山市	鲁山县
	三门峡市	卢氏县
	南阳市	内乡县、南召县、镇平县、淅川县
甘肃者	陇南市	武都区、成县、文县、宕昌县、康县、西和县、礼县、徽县、两当县
重庆市		城口县、云阳县、奉节县、巫山县、巫溪县
四川省	广元市	朝天区、元坝区、旺苍县、青川县、剑阁县、苍溪县
	达州市	宣汉县、万源市

续表

省（直辖市）	市	贫困县
四川省	绵阳市	平武县、北川羌族自治县
	南充市	仪陇县
	巴中市	巴州区、南江县、通江县、平昌县

"连片贫困地区精准扶贫成效评估及'阻返'长效机制研究"国家社科基金课题组常年在秦巴山区开展调查研究，探索连片贫困地区脱贫长效机制。2019年9月至2020年1月，课题组选取商洛市的商州区北宽坪镇小河村、丹凤县武关镇的茅坪村、镇安县回龙镇和坪村等3个县的22个建制村进行脱贫成效及返贫问题专项调研，共深入2016年至2019年以来脱贫的1082户农户家庭进行问卷调查和访谈，与政府相关人员、专职扶贫领导以及驻村干部等30余人次进行座谈。调研内容共回收问卷980份，其中有效问卷763份（丹凤县281，商州区316，镇安县166份），问卷有效率77.86%。

调查采用填写问卷与深度访谈相结合的形式，采用随机抽样法进行样本抽取。调查的内容主要有以下三点。①贫困人口退出情况分析，重点围绕脱贫户是否达到"两不愁、三保障"，是否具有稳定脱贫的能力；有哪些值得借鉴的有效做法，存在哪些实际问题。②帮扶工作群众满意度分析，主要指帮扶方式的群众满意度，帮扶效果的群众满意度等方面进行分析。③当地精准扶贫精准脱贫工作存在的问题分析，包括顶层设计问题、体制机制问题、地方落实问题、部门协调问题、基层实施问题、农户问题等。

6.2.3 研究假设与计量模型

可持续脱贫是描述脱贫成效的一个重要因素，通过量化脱贫农户家庭生计脆弱性，分析扶贫政策对脱贫农户生计可持续性的影响效应，可以作为判断扶贫政策实效性的一个重要标准。本书在参照相关学者的研究并考虑样本区实际情况后，选择代表性强且易得的生计资本二级指标。为衡量生计脆弱性，本书参考邹海霞等学者的相关研究，引入风险暴露度、风险敏感度和冲击抵御能力三个方面的一级指标及相关二级指标，其中风险暴露程度和风险敏感度的相关变量具体指标见表6-6，冲击抵御能力的二级指标即表6-7所示的18项生计资本二级指标。

表6-6　农户风险暴露程度、风险敏感度指标及赋值

目标	一级指标	二级指标	指标赋值
风险暴露程度	自然风险	遭遇自然灾害频率	遭遇滑坡、泥石流、洪涝、冰灾、虫灾、瘟疫（猪瘟、鸡瘟等）及其他灾害的频次，无=0.5分，1项=0.4分
			2项=0.3分，3项=0.2分，4项=0.1分，5项及其以上=0分
		自然灾害带来的损失	无=0.5分，很小=0.4分，较小=0.3分，一般=0.2分，较大=0.1分，很大=0分
风险敏感度	家庭风险	家中患大病重病的人数	0人=0.5分，1人=0.3分，2人=0.2分，3人及其以上=0分
		家中是否有残疾人	否=1分，是=0分

本书选取人力资本、自然资本、物质资本、金融资本和社会资本等5项生计资本及下属18项二级指标，主要参考李小云等、张童朝等测算农户生计资本的方法，结合区域特征和数据可得性对生计资本指标进行确认。具体步骤为，首先利用熵值法确定各指标体系权重，其次通过K-均值聚类法将不同生计类型的脱贫农户加以划分，最后运用综合指数评估模型计算脱贫农户的生计脆弱性。农户生计资本具体指标及赋值见表6-7。

表6-7　农户生计资本的具体指标及赋值

一级指标	二级指标	指标赋值
物质资本	住房类型	草房/窑洞=0.1分，土房=0.2分，砖瓦房=0.3分，平房=0.4分，楼房=0.5分
	住房面积（平方米）	1间房=0.1分，2间房=0.2分，3间房=0.3分，4间房=0.4分，5间房及其以上=0.5分
	生产工具	拥有收割机、犁田机、打谷机、打米（面）机、播种机、插秧机、烘干机、柴油机、农用三轮车等一件记0.1分

续表

一级指标	二级指标	指标赋值
物质资本	耐用消费品	拥有电饭锅、电磁炉、电风扇、太阳能电烤炉、彩色电视机、洗衣机等一件记0.1分
人力资本	户主年龄（岁）	18~40=0.5分，41~60=0.3分，61及以上=0.2分
	成年劳动力比例	18~60岁人口数/家庭人口总数
	成年劳动力最高教育程度	不识字=0分，小学及以下=0.1分，初中=0.2分，高中=0.3分，大专及以上=0.5分
自然资本	人均耕地面积（亩）	家庭土地面积/家庭人口数（亩）
	人均林地面积（亩）	家庭土地面积/家庭人口数（亩）
	家到最近市场所花费时间（小时）	0.5以下=0.5分，0.5~1小时=0.2分，1小时以上=0分
金融资本	家庭年收入（元）	10000及以下=0.1分，10000~30000=0.2分，30000~50000=0.3分，50000以上=0.4分，无=0分
	家庭借款（元）	无=0分，30000及以下=0.1分，30000~50000=0.2分，50000~80000=0.3分，80000~100000=0.4分，100000以上=0.5分
社会资本	村组干部、党员是否外村迁入	家庭中有村组干部、党员的每1人=0.1分 是=0分，否=0.1分

6.3 脱贫效果可持续性的实证分析

6.3.1 农户生计资本测算

采用客观赋权法中常用的改进熵值法确定指标权重，以避免人为赋权带来的主观影响。关于熵值法的原理、数据标准化处理以及具体计算公式在第5章已经论述，因此本部分略去原理介绍过程，直接计算生计资本二级指标权重（见表6-8）。

表 6-8 农户生计资本二级指标权重

一级指标	二级指标	权重	一级指标	二级指标	权重
物质资本	住房类型	0.027	自然资本	人均耕地面积/亩	0.022
	住房面积/平方米	0.044		人均林地面积/亩	0.022
	生产工具	0.076		家到最近市场所花费时间/小时	0.095
	耐用消费品	0.073	金融资本	家庭年收入/元	0.195
人力资本	户主年龄/岁	0.037		家庭借款/元	0.201
	成年劳动力比例	0.020	社会资本	村组干部、党员	0.130
	成年劳动力最高教育程度	0.036		是否外村迁入	0.021

因样本数量较大，因而采取 K-均值聚类，即快速聚类方法对样本家庭收入进行聚类分析，样本家庭的生计类别可以分为四类。

第一类：以外出务工为主的家庭，种植养殖等收入比例小，该类型脱贫农户家庭收入较高。

第二类：在种植养殖、外出务工、家庭经营性收入以及政府补助等方面都有部分收入，其中外出务工收入占所有收入的 70% 以上。

第三类：在种植养殖、外出务工以及政府补助等类型的收入均匀，耕地面积拥有量较大，但总收入在三种策略中最低。

可以发现，目前在样本区外出务工收入占比较高，单纯依靠农业收入生活的脱贫农户家庭占比很小，生计收入类型多样化逐渐成为主流。

6.3.2 农户脱贫可持续评价

基于脱贫农户生计脆弱性指标评价体系，本书采用改进熵值法计算其生计脆弱性指标权重，同时运用国际上常用的综合指数评估多因素模型对生计脆弱性进行赋值，将生计脆弱性指数（F）表示为：$F = (R+S) - A$（R 为风险暴露程度，S 为风险敏感度，A 为冲击抵御能力）。生计脆弱值越小则脆弱性越低，可持续生计能力则越强。

指标计算公式如下：

$R = 0.002R1 + 0.008R2$

$S = 0.025S1 + 0.029S2$

$A = 0.034A1 + 0.019A2 + 0.034A3 + 0.021A4 + 0.020A5 + 0.088A6 + 0.025A7 + 0.041A8 + 0.071A9 + 0.068A10 + 0.183A11 + 0.188A12 + 0.122A13 + 0.19A14$

具体二级指标权重见表6-9。

表6-9 脱贫农户生计脆弱性指标评价体系

目标	一级指标	二级指标	权重
风险暴露程度（R）	自然风险	遭遇自然灾害频率	0.002
		自然灾害带来的损失	0.008
风险敏感度（S）		家中患大病重病的人数	0.025
		家中是否有残疾人	0.029
冲击抵御能力（A）	人力资本	户主年龄/岁	0.034
		成年劳动力比例	0.019
		成年劳动力最高教育程度	0.034
	自然资本	人均耕地面积/亩	0.021
		人均林地面积/亩	0.020
		家到最近市场所花费时间/小时	0.088
	物质资本	住房类型	0.025
		住房面积/平方米	0.041
		生产工具	0.071
		耐用消费品	0.068
	金融资本	家庭年收入/元	0.183
		家庭借款/元	0.188
	社会资本	村组干部、党员	0.122
		是否外村迁入	0.019

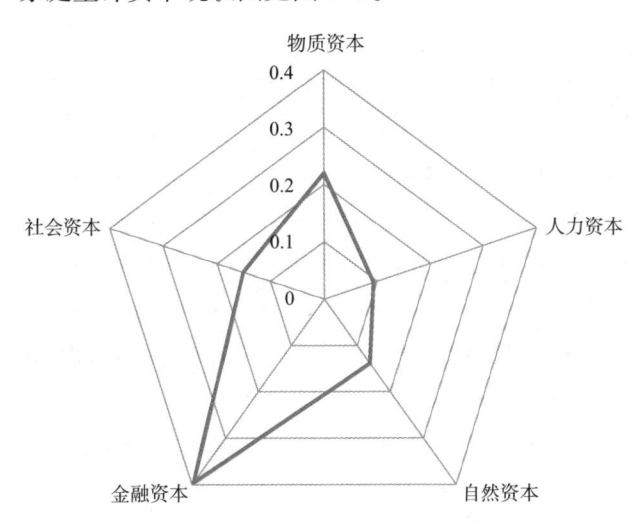

脱贫农户家庭生计资本现状图见图6-2。

图6-2 脱贫农户家庭生计资本现状图

6.3.3 实证结果分析与讨论

6.3.3.1 不同满意度脱贫农户家庭生计可持续能力的比较分析

按照脱贫农户对帮扶措施的满意度将脱贫家庭分为：认为脱贫帮扶措施对其帮助很大、帮助较大、帮助一般、帮助很小、没有帮助的脱贫农户家庭五大类。从表6-10可以看出五种家庭的生计可持续性均较好，且差异不大。其中认为帮扶措施对其帮助很大的家庭风险暴露程度均值为0.00494，风险敏感度均值为0.02550在五个类别中最高，说明脱贫资源配置较好地瞄准了自然灾害和家庭疾病的困难群体。但认为脱贫帮扶措施对其帮助很大的家庭冲击抵御能力为0.02611，排名较低，其生计脆弱性指数 −0.25031，大于比其他四类脱贫农户家庭，也说明了此类风险群体正是易返贫人群。灾害与疾病是返贫的两大重要因素，见表6-10。

表 6-10 不同满意度脱贫农户家庭生计脆弱值

变量	帮助很大		帮助较大		帮助一般		帮助很少		没有帮助	
	均值	标准差	均值	标准差	均值	标准差	均值	标准差	均值	标准差
风险暴露程度(R)	0.00494	0.00267	0.00482	0.00275	0.00482	0.00277	0.00490	0.00280	0.00489	0.00273
风险敏感度(S)	0.02550	0.00855	0.02262	0.00840	0.02330	0.00787	0.01381	0.00866	0.02314	0.00827
冲击抵御能力(A)	0.02611	0.03278	0.02740	0.03226	0.02748	0.03372	0.02773	0.03348	0.02714	0.03280
生计脆弱性指数(F)	-0.25031	0.07431	-0.32866	0.09771	-0.32855	0.10090	-0.33346	0.09358	-0.32396	0.09804
样本数	272	—	159	—	194	—	47	—	91	—

6.3.3.2 不同县域脱贫农户家庭生计可持续能力的比较分析

样本区包括丹凤县、商州区和镇安县，分别对三个县域脱贫农户的可持续生计能力进行测算。从表 6-11 可以看出，丹凤县、商州区和镇安县 3 个样本区脱贫农户的风险暴露程度均值在 0.00483~0.00490，风险敏感度均值 (S) 在 0.02334~0.02406，且标准差数值小，差异不大。冲击抵御能力商州区较高，镇安县较低，商州区脱贫农户生计可持续性最优，丹凤县和镇安县次之。商州区生计脆弱性指数最小，表明其脱贫户的可持续生计最优，脱贫成果易巩固。

表 6-11 不同县域脱贫农户家庭生计脆弱值

变量	丹凤县		商州区		镇安县	
	均值	标准差	均值	标准差	均值	标准差
风险暴露程度(R)	0.00483	0.00275	0.00487	0.00278	0.00490	0.00280
风险敏感度(S)	0.02334	0.00796	0.02406	0.00732	0.02337	0.00812
冲击抵御能力(A)	0.02580	0.03067	0.02657	0.03250	0.02506	0.03059
生计脆弱性指数(F)	-0.30484	0.10064	-0.31417	0.09570	-0.29426	0.09593
样本数	316	—	281	—	166	—

6.3.3.3 不同收入类型脱贫农户家庭生计可持续能力的比较分析

结合此前聚类分析结果，按照务工收入占家庭收入比例将脱贫农户家庭分为外出务工家庭、半外出务工家庭和非外出务工家庭三类。外出务工家庭务工收入占家庭收入比例70%以上，半外出务工家庭务工收入占家庭收入比例30%~70%，务工收入占家庭收入比例30%以下的家庭，称为非外出务工家庭。三类家庭的风险暴露程度、风险敏感度、冲击抵御能力如表6-12所示，外出务工家庭的冲击抵御能力均值为0.03447，显著超过半外出务工家庭的0.03003和非外出务工家庭的0.02800。外出务工家庭的生计脆弱性指数-0.42755，显著小于其他两类家庭，生计脆弱性指数最低，说明外出务工家庭的脱贫生计可持续性要强于其他两类家庭，见表6-12。

表6-12 不同收入类型脱贫农户家庭生计脆弱值

变量	外出务工家庭		半外出务工家庭		非外出务工家庭	
	均值	标准差	均值	标准差	均值	标准差
风险暴露程度（R）	0.00492	0.00276	0.00483	0.00275	0.00479	0.00273
风险敏感度（S）	0.02262	0.00869	0.02279	0.00835	0.02282	0.00826
冲击抵御能力（A）	0.03447	0.04778	0.03003	0.03842	0.02800	0.03300
生计脆弱性指数（F）	-0.42755	0.07286	-0.365243	0.09366	-0.33682	0.09680
样本数	469	—	126	—	168	—

6.4 扶贫政策对农户脱贫可持续性的影响分析

6.4.1 方法模型及变量选取

脱贫农户家庭生计脆弱性指数是描述脱贫成效、衡量脱贫质量的重要指标。本节将通过量化扶贫政策对脱贫农户家庭生计可持续性的影响效应来判断扶贫政策的实效性。各个地方施行的扶贫政策种类较多，但针对扶贫政策的研究往往集中于政策总体或单一政策，本书通过筛选样本区各项扶贫政策，选择产业扶贫、健康扶贫、就业扶贫、危房改造、移民搬迁、教育扶贫等6项扶贫政策，并设置其他政策以涵盖未涉及的扶贫政策。

6.4.1.1 产业扶贫

扶贫产业直接带动当地特色农业发展，为贫困户提供稳定就业岗位，加速推进集体经济，帮助贫困人口与脱贫人口参与产业分红，形成稳定收入。此外，产业扶贫能够通过产业发展促进当地经济增长，进而惠及贫困群体，从而达到减贫的作用。基于此，提出以下假设：

H1：产业扶贫对脱贫农户生计可持续性具有正向促进作用。

6.4.1.2 健康扶贫

疾病是制约脱贫的重要因素。健康扶贫是指通过加强贫困地区医疗保障水平，提高医疗服务能力等措施，确保贫困群众健康有人管，患病有人治，治病能报销，大病有救助。基于此，提出以下假设：

H2：健康扶贫政策对脱贫农户生计可持续性具有正向促进作用。

6.4.1.3 就业扶贫

就业扶贫政策指通过发放吸纳就业补贴，增设工作岗位，有序组织外出务工等方式，为贫困户提供就业帮扶，从而实现贫困户稳定增收，提升生计可持续性，从而稳定脱贫。基于此，提出以下假设：

H3：就业扶贫对脱贫农户生计可持续性具有正向促进作用。

6.4.1.4 危房改造

对于没有搬迁意愿的贫困户，由住建部门通过农村危房改造解决住房问题，2018年，建档立卡贫困户农村危房改造补助资金按照不低于2万元/户予以保障，由中、省、市、县财政共同承担，以实现农村贫困贫困人口住房安排有保障目标，从而完善生活基础设施，降低外部冲击风险。基于此，提出以下假设：

H4：危房改造政策对脱贫农户生计可持续性具有正向促进作用。

6.4.1.5 移民搬迁

通过易地搬迁的方式将贫困户、居住在地质灾害隐患点、生态环境脆弱区内的农户搬迁到安全、方便、发展空间大的地方，为贫困家庭提供安全住房，或通过补助等方式协助其住上新房，从而完善生活基础设施，降低外部冲击风险，提升生计可持续性。基于此，提出以下假设：

H5：移民搬迁政策对脱贫农户生计可持续性具有正向促进作用。

6.4.1.6 教育扶贫

扶贫先扶智，教育扶贫通过精准资助、精准培训、精准师资等手段保障家庭困难的学生顺利完成学业。加强农村教育基础设施建设，加强农村学校师资建设等途径，提高人口素质，改变贫困人口的思想，使其产生积极的内生动力，从而实现持续脱贫。基于此，提出以下假设：

H6：教育扶贫政策对脱贫农户生计可持续性具有正向促进作用。

6.4.1.7 其他扶贫政策

除以上六项扶贫政策之外，还有如林业生态脱贫、残疾人补贴、特困人员救助等扶贫政策。这些政策通过设置公益岗位、兜底等方式，增加贫困人口收入，帮助其渡过难关。基于此，提出以下假设：

H7：其他扶贫政策对脱贫农户生计可持续性具有正向促进作用。

为研究扶贫政策对脱贫农户生计可持续性的影响效应，本书在参考陆远权、王志章等学者研究的基础上，设定如下计量模型进行实证检验：

$$F = c+\beta_1 CY+\beta_2 JK+\beta_3 WF+\beta_4 YM+\beta_5 JY+\beta_6 EDU+\beta_7 QT+\delta_j X_j+\varepsilon \tag{6-1}$$

其中，被解释变量 F 为脱贫农户的生计脆弱性指数；CY 表示产业扶贫，JK 表示健康扶贫，WF 表示危房改造政策，JY 表示就业扶贫政策，EDU 表示教育扶贫政策，QT 表示其他政策；X 为控制变量组；c 是常数项，ε 为随机扰动项。

表6-13 变量描述性统计

被解释变量	说明	平均值	标准差
脱贫农户的生计脆弱性指数（F）	$F=(R+S)-A$（R为风险暴露程度，S为风险敏感度，A为冲击抵御能力）。生计脆弱值越小，可持续生计能力则越强。	−0.3060	0.0982
解释变量		平均值	标准差
产业扶贫（CY）	有 = 1，无 = 0	0.2451	0.4304
健康扶贫（JK）	有 = 1，无 = 0	0.2280	0.4198
危房改造（WF）	有 = 1，无 = 0	0.1324	0.3391
就业扶贫（JY）	有 = 1，无 = 0	0.1127	0.3164
教育扶贫（EDU）	有 = 1，无 = 0	0.1691	0.3751
其他政策（QT）	有 = 1，无 = 0	0.2949	0.4563
样本量	763		

6.4.2 模型估计结果分析

实证分析扶贫政策对脱贫农户生计可持续性的影响回归结果如表6-14所示。因样本量大，而且影响脱贫农户家庭生计资产指数的因素众多，计量模型不可能包含所有影响因素，不同组合的影响也会有差异，所以R^2值较小，但F统计量通过显著性检验，表明模型显著。可以看出，产业扶贫、健康扶贫、危房改造、移民搬迁、就业扶贫、教育扶贫和其他扶贫七个变量对脱贫农户的生计脆弱性指数有着负影响，即产业扶贫、健康扶贫、危房改造、移民搬迁、就业扶贫、教育扶贫和其他扶贫会降低贫困户的生计脆弱性，提升其生计可持续能力，对脱贫成果的巩固有着长效作用。其中，产业扶贫、就业扶贫、移民搬迁、健康扶贫和其他扶贫通过了10%的显著性检验。危房改造和教育扶贫未通过显著性检验。

表6-14 模型估计结果1

Variable	Coefficient	Std. Error	T-Statistic	Prob.
C	−0.266714***	0.004598	−58.00627	0.0000
CY	−0.064572***	0.008722	−7.403361	0.0000
JK	−0.014272*	0.008251	−1.729631	0.0841
WF	−0.003805	0.010372	−0.366831	0.7138
YM	−0.024249**	0.011086	−2.187303	0.0290
JY	−0.055490***	0.009947	−5.578718	0.0000
EDU	−0.008660	0.007175	−1.206949	0.2278
QT	−0.021106**	0.007400	−2.852069	0.0045
R^2	0.462752	S.E. of regression		0.084685
F-statistic	38.43991			
Prob(F-statistic)	0.000000			

注：*、**、*** 表示在统计检验达到10%、5%、1% 的显著性水平。

为更加客观地评价扶贫政策效应，评价脱贫效果的可持续性，选取"村组干部/党员（GBDY）、生产工具（SCGJ）、住房类型（ZFLX）"作为控制变量，控制变量具体情况见表6-15。

表6-15 控制变量描述性统计

控制变量	说明	平均值	标准差
村组干部/党员（GBDY）	家庭中有村组干部、党员的每1人 = 0.1分	0.0159	0.0478
生产工具（SCGJ）	家庭拥有收割机、犁田机、打谷机、打米（面）机、柴油机、农用三轮车等一件生产工具记0.1分	0.0823	0.1246
住房类型（ZFLX）	草房/窑洞 = 0.1分，土房 = 0.2分，砖瓦房 = 0.3分，平房 = 0.4分，楼房 = 0.5分	0.3155	0.1084
样本量	763		

加入控制变量后，实证分析结果如表6-16所示。产业扶贫、就业扶贫、

其他扶贫、村组干部/党员、住房类型通过了 1% 的显著性检验，移民搬迁、生产工具通过了 5% 的显著性检验，所有解释变量的估计系数均为负，说明扶贫政策对脱贫农户生计脆弱性存在显著的负相关影响，即扶贫政策提升了贫困户的生计可持续性。控制其他条件，当分别仅实施产业扶持、移民搬迁、就业扶贫和其他扶贫政策时，脱贫农户的生计脆弱值降低 5.52%、2.27%、5.29%、1.57%。产业扶贫和就业扶贫对脱贫农户的生计可持续性影响较大。产业扶贫对贫困户的收入提升、资本积累、生活方式产生直接影响，从而保障其实现持续的生计资本。就业扶贫通过提供就业岗位，让贫困户直接取得稳定的可持续性收入，也是最直接的促进长效脱贫的有效手段。移民搬迁是秦巴山区脱贫工作的一项重要举措，秦巴山区是重要的生态功能区，通过移民搬迁，将贫困户从交通不变、灾害多发的地区搬至地理位置优越、发展空间大的地区，可以使其在务工、教育等方面获得转折性的便利，其他扶贫政策是多项扶贫政策的组合，因此也带来较大的影响程度。

健康扶贫、教育扶贫、危房改造估计系数为负，说明健康扶贫与教育扶贫有效提升了脱贫农户生计可持续能力，但控制其他变量后，教育扶贫未通过显著性检验，可能原因在于教育扶贫政策具有长期性、效果的迟效性和价值的潜隐性等特点，在危房改造与移民搬迁中，大多数秦巴山区贫困户选择了移民搬迁，使得政策的影响效应并不显著。

表 6-16　模型估计结果 2

Variable	Coefficient	Std. Error	T-Statistic	Prob.
C	−0.196485***	0.009404	−20.89349	0.0000
CY	−0.055238***	0.008375	−6.595327	0.0000
JK	−0.009850	0.007868	−1.251876	0.2110
WF	−0.008390	0.009864	−0.850538	0.3953
YM	−0.022724**	0.010627	−2.138438	0.0328
JY	−0.052864***	0.009460	−5.588394	0.0000

续表

Variable	Coefficient	Std. Error	T-Statistic	Prob.
EDU	−0.007129	0.006867	−1.038168	0.2995
QT	−0.015679***	0.007042	−2.226625	0.0263
GBDY	−0.321470***	0.061661	−5.213541	0.0000
SCGJ	−0.055740**	0.024531	−2.272202	0.0234
ZFLX	−0.207906***	0.027085	−7.675986	0.0000
R^2	0.541007	S.E. of Regression		0.080224
F-statistic	38.91350			
Prob(F-statistic)	0.000000***			

注：*、**、*** 表示在统计检验达到 10%、5%、1% 的显著性水平。

6.4.3 计量结果的稳健性检验

在日常生活中影响脱贫农户家庭生计可持续性，制约脱贫效果的因素众多，而且不同组合的影响也会有差异。鉴于上述计量模型未能将所有影响因素考虑在内，其回归结果可能并不稳健，因此需要对回归结果进行稳健性检验。稳健性检验通过两种方式进行：第一，添加可能遗漏的重要变量，检验扶贫政策变量的影响变动情况；第二，用模型分别测算三个样本区数据，观测三个样本区内解释变量的影响变动情况。

6.4.3.1 添加可能遗漏的重要变量

从人力资本的二级指标中选取家庭成年劳动力的比例（CNL），从自然资本的二级指标中选择人均耕地面积（GDR）两个变量作为代表，加入原模型中进行稳健性检验。家庭成年劳动力的比例是脱贫农户生计可持续性的重要影响因素，人均耕地面积是脱贫农户家庭稳定收入的重要保证。具体检验结果见表6-17。

表6-17 稳健性检验的估计结果1

Variable	(1)	(2)	(3)	(4)
C	−0.196485*** (−20.89349)	−0.158979*** (−12.42864)	−0.195536*** (−20.22734)	−0.157179*** (−12.02200)
CY	−0.055238*** (−6.595327)	−0.054852*** (−6.623489)	−0.055136*** (−6.577052)	−0.054692*** (−6.598960)
JK	−0.009850 (−1.251876)	−0.010252 (−1.317634)	−0.009804 (−1.245162)	−0.010183 (−1.308205)
WF	−0.008390 (−0.850538)	−0.008131 (−0.833700)	−0.008326 (−0.843564)	−0.008031 (−0.822995)
YM	−0.022724** (−2.138438)	−0.022968** (−2.185988)	−0.022974** (−2.157489)	−0.023357** (−2.218811)
JY	−0.052864*** (−5.588394)	−0.051825*** (−5.539085)	−0.052712*** (−5.565439)	−0.051581*** (−5.506784)
EDU	−0.007129 (−1.038168)	−0.005249 (−0.771462)	−0.007224 (−1.051003)	−0.005381 (−0.790294)
QT	−0.015679*** (−2.226625)	−0.013789** (−1.976550)	−0.015785** (−2.239019)	−0.013937** (−1.995925)
GBDY	−0.321470*** (−5.213541)	−0.312508*** (−5.122902)	−0.320698*** (−5.195968)	−0.311232*** (−5.097631)
SCGJ	−0.055740** (−2.272202)	−0.061326** (−2.524716)	−0.054608*** (−2.212071)	−0.059619** (−2.440208)
ZFLX	−0.207906*** (−7.675986)	−0.211816*** (−7.904808)	−0.207928*** (−7.672628)	−0.211885*** (−7.904422)
CNL	—	−0.054693*** (−4.269706)	—	−0.055171*** (−4.298769)
GDR	—	—	−0.000995 (−0.428077)	−0.001543 (−0.670740)
R²	0.541007	0.556625	0.541168	0.557011
F-statistic	38.91350***	37.84378***	37.84378***	34.70221***
Prob(F-statistic)	0.000000	0.000000	0.000000	0.000000

续表

Variable	(1)	(2)	(3)	(4)
样本数	763	763	763	763

如表6-17所示，列（1）表示未添加变量的估计结果，列（2）表示控制家庭成年劳动力的比例变量后的估计结果，列（3）表示控制人均耕地面积变量后的估计结果，列（4）表示同时控制家庭成年劳动力的比例和人均耕地面积两个变量后的估计结果。结果显示产业扶贫、移民搬迁、就业扶贫和其他扶贫政策依然通过显著性检验，由此可以看出，估计结果具有良好的稳健性。产业扶贫、移民搬迁、就业扶贫和其他扶贫政策在促进贫困户脱贫生计可持续性方面发挥了良好作用。

6.4.3.2 分地区检验

将3个样本区数据分别带入原模型进行检验，观察结果变化，具体检验结果如表6-18所示。可以看出，产业扶贫、就业扶贫在3个样本区均通过显著性检验，且估计系数为负，表明产业扶贫和就业扶贫政策在三个县域发挥了提升农户生计可持续性，巩固脱贫成果的作用，但由于各样本区的现状不同导致影响程度有所区别。移民搬迁在丹凤县和商州区通过了显著性检验，在镇安县未通过显著性检验。其他扶贫政策在商州区通过了显著性检验。因此，认为该研究结果在一定程度上具有稳健性和可靠性。

表6-18 稳健性检验的估计结果2

Variable	丹凤县	商州区	镇安县
C	−0.170006*** (−11.49029)	−0.241281*** (−16.13850)	−0.161631*** (−7.327634)
CY	−0.053106*** (−4.117500)	−0.047655*** (−3.289438)	−0.074324*** (−4.232803)
JK	−0.004307 (−0.364669)	−0.012588 (−0.965798)	−0.030987 (−1.573079)
WF	−0.009990 (−0.681577)	−0.031555* (−1.963669)	0.053748** (−2.120572)

续表

Variable	丹凤县	商州区	镇安县
YM	−0.030869** (−1.982385)	−0.021276* (−1.232572)	−0.009013 (−0.318528)
JY	−0.049380*** (−3.214737)	−0.056105*** (−3.630332)	−0.061765*** (−3.113885)
EDU	−0.010928 (−1.065173)	−0.006379 (−0.567255)	−0.008618 (−0.509110)
QT	−0.006699 (−0.577952)	−0.024718** (−2.212037)	−0.015950 (−1.061874)
GBDY	−0.419753*** (−4.818325)	−0.301724** (−2.126936)	−0.239249** (−2.072317)
SCGJ	−0.065791 (−1.552247)	−0.039895 (−1.158885)	−0.053988 (−0.853754)
ZFLX	−0.273109*** (−6.392401)	−0.085786** (−2.027673)	−0.311215 (−4.725983)
R^2	0.395228	0.324524	0.383860
F-statistic	19.93227***	12.97181***	9.656624***
Prob(F-statistic)	0.000000	0.000000	0.000000
样本数	316	281	166

6.5 返贫调查结论

本章选择样本区对脱贫及返贫情况进行调查研究，利用调研数据及访谈资料，分析脱贫成效、探索返贫原因，评价脱贫农户可持续生计。首先利用调查入户调查数据计算了脱贫农户生计脆弱值。生计脆弱值可以反映脱贫农户的可持续生计能力，因此可以作为评价脱贫效果、判断返贫可能性的依据。继而通过设定多元回归模型研究 7 项扶贫政策对脱贫农户生计可持续性的效应来判断脱贫成效的质量，为后续政策调整提供依据。

（1）"因病返贫"和"因灾害返贫"是返贫的两大最直接的原因。而返贫的根本因素仍在于脱贫农户的生计脆弱性高，生计可持续能力不足。

（2）目前在样本区外出务工收入占比较高，单纯依靠种植养殖收入的脱贫农户家庭占比很小，生计收入类型多样化逐渐成为主流。在以收入划分的家庭类别中，外出务工家庭的脱贫生计可持续性最强。

（3）认为脱贫帮扶措施对其帮助很大的家庭冲击抵御能力排名较低，生计脆弱性指数较高，说明此类风险群体正是易返贫人群，脱贫资源配置较好地瞄准了自然灾害和家庭疾病的困难群体。

（4）产业扶贫、移民搬迁、就业扶贫和其他扶贫政策通过显著性检验，说明产业扶贫、移民搬迁、就业扶贫和其他扶贫政策在促进贫困户脱贫生计可持续性方面发挥了良好作用。

（5）健康扶贫、教育扶贫、危房改造估计系数为负，说明健康扶贫与教育扶贫有效提升了脱贫农户生计可持续能力，但控制其他变量后，教育扶贫未通过显著性检验，可能原因在于教育扶贫政策具有长期性、效果的迟效性和价值的潜隐性等特点。在危房改造与移民搬迁中，大多数秦巴山区贫困户选择了移民搬迁，使得政策的影响效应并不显著。

实证分析结论为现阶段脱贫攻坚、阻止返贫机制的确立提供了资料依据。

7 脱贫户返贫风险监测及预警

返贫是影响区域脱贫成效、阻碍可持续脱贫的重要问题，通过对返贫风险的监测和预警，可以帮助扶贫主体准确地判断返贫形势，把握阻止返贫的关键钥匙，防止脱贫的农户再次陷入贫困状态。因此，建立脱贫农户返贫风险监测预警系统尤为重要。

7.1 脱贫户返贫风险评价模型的选择

7.1.1 返贫风险指标选取

随着贫困发生率的下降，贫困户的生计资本得到进一步丰富，但从家庭共享的角度来看，目前部分脱贫家庭在生计资本存量和结构方面仍存在一定返贫风险，很多家庭还游离在贫困线边缘，尤其连片贫困地区剩余的深度贫困人口生计资本极其缺乏。脱贫农户的生计脆弱性极大程度地影响着返贫风险的程度，生计脆弱性越低，可持续生计能力就越强，则返贫风险越小；生计脆弱性越高，可持续生计能力就越弱，从而因灾返贫、因病返贫的可能性就越大，那么返贫风险也就越高。所以，通过对脱贫农户生计脆弱性的测度，可以有效衡量返贫风险的程度，保障脱贫效果的可持续性。

因此，本章选取脱贫农户生计脆弱性为返贫风险的衡量指标，通过对脱贫农户生计脆弱性进行综合评价，从而反映返贫风险的大小。在前文中已经详细给出了脱贫农户生计脆弱性所包含的指标、指标释义以及指标的度量。所以，脱贫农户生计脆弱性评价指标体系如表7-1所示。

表 7-1 脱贫农户生计脆弱性评价指标体系

目标	一级指标	二级指标
脱贫农户生计脆弱性（A）	风险暴露程度（B_1）	遭遇自然灾害频率（C_{11}）
		自然灾害带来的损失（C_{12}）
	风险敏感度（B_2）	家中患大病重病的人数（C_{21}）
		家中是否有残疾人（C_{22}）
	人力资本（B_3）	户主年龄（C_{31}）
		成年劳动力比例（C_{32}）
		成年劳动力最高教育程度（C_{33}）
	自然资本（B_4）	人均耕地面积（C_{41}）
		人均林地面积（C_{42}）
		家到最近市场所花费时间（C_{43}）
	物质资本（B_5）	住房类型（C_{51}）
		住房面积（C_{52}）
		生产工具（C_{53}）
		耐用消费品（C_{54}）
	金融资本（B_6）	家庭年收入（C_{61}）
		家庭借款（C_{62}）
	社会资本（B_7）	村组干部、党员（C_{71}）
		是否外村迁入（C_{72}）

7.1.2 样本数据正态性检验

要保证评价结果的可靠性和有效性，选取合适的评价方法至关重要。由于很多评价方法需要指标数据具有正态分布的特征，因此，在选取评价方法之前，需要对样本数据进行分布检验。本研究通过问卷调查商洛市3个县22个行政村的脱贫农户，共回收有效问卷763份，调查样本已属于大样本数据，故本书拟采用 K–S 检验的方法对脱贫农户生计脆弱性的18个二级指标数据进行正态分布检验。

$K-S$ 检验（Kolmogorov-Smirnov）是以俄罗斯数学家柯尔莫哥罗夫和斯米尔诺夫的名字命名的一种非参数检验方法，该方法是根据样本数据推断其来自的总体是否服从某一特定理论分布，也是一种拟合优度检验方法。本书利用 SPSS 统计分析软件对脱贫农户生计脆弱性的 18 个二级指标数据是否近似服从正态分布进行 $K-S$ 检验。依据计算结果的显著性水平 p 值判断样本数据是否服从正态分布：p 值 >0.05，表示样本服从正态分布；p 值 <0.05，表示样本不服从正态分布。

脱贫农户生计脆弱性指标数据的 $K-S$ 正态分布检验计算结果如表 7-2 所示。

表 7-2 指标数据 $K-S$ 检验

指标	$K-S$ 检验		指标	$K-S$ 检验	
	Z 值	显著性水平 p 值		Z 值	显著性水平 p 值
C_{11}	10.526	0.000	C_{43}	10.459	0.000
C_{12}	14.761	0.000	C_{51}	5.256	0.000
C_{21}	10.476	0.000	C_{52}	7.160	0.000
C_{22}	14.667	0.000	C_{53}	8.430	0.000
C_{31}	12.214	0.000	C_{54}	3.549	0.001
C_{32}	4.704	0.001	C_{61}	9.325	0.000
C_{33}	9.874	0.000	C_{62}	11.766	0.000
C_{41}	9.380	0.000	C_{71}	14.110	0.000
C_{42}	12.664	0.000	C_{72}	14.837	0.000

从表 7-2 可以看到，脱贫农户生计脆弱性指标体系中，所有指标 $K-S$ 检验的显著性水平 p 值均小于 0.05，说明指标数据均不符合正态分布。指标体系中所有指标数据都不服从正态分布，这就要求选取合适的评价模型，以提高评价结果的准确性。

7.1.3 评价方法选择

表 7-3 列举了常用的多种主流评价方法，不同的评价方法都具有一定的优点和局限性。了解不同评价模型的优缺点，对选取适合评价模型，提高脱贫农

户生计脆弱性评价的可靠性至关重要。

表 7-3　评价模型优缺点比较

评价方法	优点	局限性
主成分分析	能够有效降低数据维数	不适用于非正态分布的指标数据
层次分析法	可以处理定性和定量相结合的问题，并且简单、实用	定量数据少，定性成分多，评价结果易受主观影响
模糊综合评价	能够使复杂和模糊的问题定量化	需要主观给定指标权重矢量
人工神经网络	分类准确度高，具有很强的鲁棒性和容错性	需要设定大量的参数，输出结果难以解释
灰色关联度分析	对样本量和分布特征没有要求，且计算量小	需要主观地确定指标最优值
DEA 方法	能够处理多产出情况	易受极值影响，对有效决策单元提供的信息太少
支持向量机	可以解决小样本和高维度问题，提高泛化性能	对大规模训练样本难以实施，且易受参数设置影响
系统动力学	能够解决复杂、高阶的问题	没有系统化与规则化的建模方法，易受建模者认知水平的影响
投影寻踪	能够解决样本数据非线性、非正态和高维度问题	计算量大，优化问题易受算法的影响

从表 7-3 可以看到，客观评价方法一般都要求样本数据服从生态分布，并且大部分都难以解决数据高维度和非线性的问题。而诸如层次分析法、模糊综合评价、系统动力学等主观评价方法，虽不要求样本数据的分布特征，但评价结果的主观性较强。

本书研究的脱贫农户生计脆弱性指标数据具有以下两个特征。

第一，脱贫农户生计脆弱性是由多个因素共同影响形成的，如风险暴露程度、风险敏感程度、人力资本、自然资本、物质资本、金融资本和社会资本等，各个因素之间具有很强的相关性。因此，脱贫农户生计脆弱性指标数据存在高维数和非线性的特点。

第二，相关指标数据部分均不服从正态分布，并且具体的分布未知。由于多数客观评价模型都要求样本数据符合正态分布，因此本书通过对脱贫农户生计脆弱性指标数据进行K-S正态分布检验，发现所有指标数据均不服从正态分布，并且其分布形式未知。所以，对于数据不符合正态分布，且分布未知的情况下，如何选取评价模型就尤为重要。

为了解决脱贫农户生计脆弱性高维度与非线性，并且非正态、具体分布未知的数据特征，本研究选取投影寻踪模型对其进行综合评价。针对投影寻踪模型计算过程中优化问题易受算法影响的缺点，本书拟使用实数编码的加速遗传算法来解决最优解的问题，从而构建实数编码加速遗传算法的投影寻踪模型，提高最终评价结果的准确性。

7.2 基于投影寻踪的脱贫农户生计脆弱性评价模型

投影寻踪就是将高维数据向低维于空间投影，通过分析低维于空间的投影特性来研究高维数据的特征，是处理多因素复杂问题的统计方法，投影寻踪模型已经广泛应用于风险评价之中，不过至今尚未应用于脱贫和返贫的相关研究领域。同时，由于投影寻踪模型的核心在于寻找最优投影指标，而算法的不同会得到不同的效果，因此，本书将引入实数编码加速遗传算法优化的投影寻踪模型，以期获得最优的效果，最终实现准确的脱贫农户生计脆弱性的评价，从而提高返贫预警能力。

7.2.1 投影寻踪模型的原理

7.2.1.1 投影寻踪模型的含义

投影寻踪（Projection Pursuit, PP）基本思想是将高维数据投影到低维子空间上，并在该子空间上寻找出能够反映原高维数据结构或特征的投影，从而达到研究和分析高维数据的目的，在克服"维数祸根"以及解决小样本、超高维等问题中具有明显优势。与其他非参数方法一样，投影寻踪方法也可用来解决非线性问题。

7.2.1.2 投影寻踪模型的建模流程

投影寻踪评价模型的建模过程如下。

(1) 样本评价指标集归一化处理

设各指标的样本集为 $\{x^*(i,j)|\ i=1,2,\cdots,n,j=1,2,\cdots,p\}$，其 $\{x^*(i,j)\}$ 为第 i 个样本的第 j 个指标值，n 和 p 分别为样本的个数和指标的数目。归一化处理以消除各指标值的量纲和统一各指标值的变化范围。

(2) 构建投影指标函数 $Q(a)$

投影寻踪法就是把 p 维数据 $\{x(i,j)|\ j=1,2,\cdots,p\}$ 综合成以 $a=\{a(1),a(2),\cdots,a(p)\}$ 为投影方向的一维投影值 $z(i)$：

$$z(i)=\sum_{j=1}^{p}a(j)x(i,j),i=1,\cdots,n \tag{7-1}$$

其中 a 为单位长度向量。为了使局部投影点尽可能密集，最好凝聚成若干个点团，整体上投影点团之间尽可能散开。因此，投影指标函数可以表达成：

$$Q(a)=S_z D_z \tag{7-2}$$

$$S_z=\sqrt{\frac{\sum_{i=1}^{n}[z(i)-E(z)]^2}{n-1}} \tag{7-3}$$

$$D_z=\sum_{i=1}^{n}\sum_{k=1}^{n}[R-r(i,j)]\cdot u[(R-r(i,j)] \tag{7-4}$$

其中，S_z 为投影值 $z(i)$ 的标准差，D_z 为投影值 $z(i)$ 的局部密度。$E(z)$ 为序列 $\{z(i)|\ i=1,2,\cdots,n\}$ 的平均值；R 为局部密度的窗口半径，根据试验来确定，R 取值既要使包含在窗口内的投影点的平均个数不太少，避免滑动平均偏差太大，又不能使它随着 n 的增大而增加太高，一般可取值为 $0.1S_z$；$r(i,j)$ 表示样本之间的距离，$r(i,j)=|z(i)-z(j)|$；$u(t)$ 为一单位阶跃函数，当 $t \geq 0$ 时，其值为 1，当 $t<0$ 时其函数值为 0。

(3) 优化投影指标函数

当样本集给定时，投影指标函数 $Q(a)$ 只随着投影方向 a 的变化而变化。最佳投影方向就是最大可能暴露高维数据某类特征结构的投影方向。因此，可以通过求解投影指标函数最大化问题来实现，即：

$$\begin{cases} \max Q(a) = S_z D_z & （最大化目标函数） \\ \text{s.t.} \sum_{j=1}^{p} a^2(j) = 1 & （约束条件） \end{cases} \quad (7-5)$$

实际上这是一个求解复杂非线性优化的问题，优化变量 $\{a(j)|j=1,2,\cdots,p\}$ 用传统的优化方法很难处理，因此，需要引入相关算法来进行求解优化问题。本书利用实数编码加速遗传算法（RAGA）来解决高维全局寻优问题。

(4) 综合评价

把上一步求得的最佳投影方向 a^* 代入式 (7-1) 后可得各样本投影值 $a^*(i)$。根据值 $a^*(i)$ 可以进行分类或优劣排序。

7.2.2 基于实数编码的加速遗传算法

7.2.2.1 遗传算法

遗传算法（Genetic Algorithm，GA），它是一种模拟方法，使用数学模型来模仿生物的一系列进化过程，生物进化是通过染色体作为遗传基因的承载体，遗传算法则用一串数组来模拟染色体，并通过不断的选择、交叉、变异等遗传操作，对问题进行优化以获得相对最优解。遗传算法中的交叉操作体现了全局搜索能力，变异操作体现了局部搜索能力，使遗传算法在运算过程中不易陷入局部最优解，不过遗传算法往往收敛较慢，或是容易过早收敛。遗传算法的实现流程如图 7-1 所示。

7 脱贫户返贫风险监测及预警

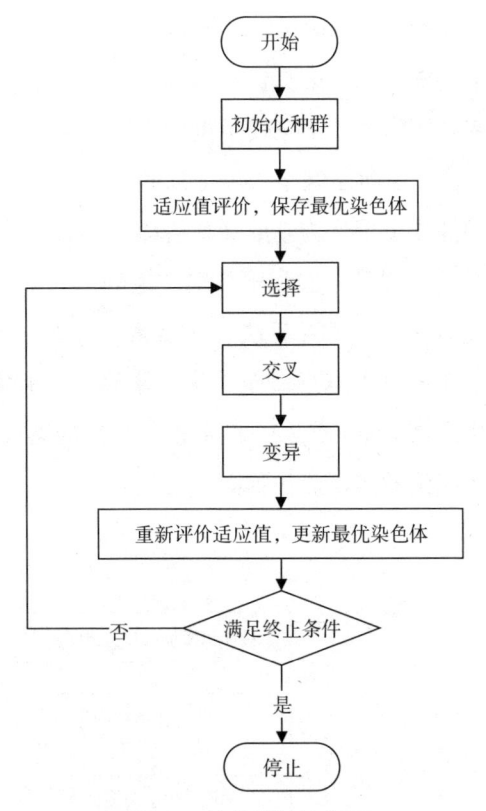

图7-1 遗传算法流程图

7.2.2.2 实数编码加速遗传算法

标准的遗传算法过程烦琐、计算量大、输出结果缓慢，而且容易陷入局部最优并出现早熟收敛等问题，导致解的精度变差，而基于实数编码优化加速遗传算法可以极大地增加寻优性能，提高运算质量，获得最优解。因此本书选用改进的遗传算法，即实数编码的加速遗传算法（RAGA），来解决投影寻踪模型求解的优化问题。

基于实数编码的遗传算法步骤如下：

步骤一：编码，编码后所有变量的取值范围都统一在 [0,1] 区间；

步骤二：父代群体初始化；

步骤三：父代群体适应度评价；

步骤四：进行选择操作，产生第一代子群体；

步骤五：进行杂交操作产生第二代子群体；

步骤六：进行变异操作产生第三代子群体；

步骤七：演化迭代，由前面四至六步得到的 $3n$ 个子代群体按其适应度由小到大排序，取最前面的 n 个子代为新的父代群体；

步骤八：加速循环，用第一次和第二次产生的优秀个体所对应的变化区间作为新的初始化变化区间，RAGA 算法转入步骤一，优秀变化区间将逐步调整和收缩，与最优点的距离越来越近直至最优个体的目标函数小于某一定值，或算法达到预定的加速次数（循环次数），结束整个算法的运行。

实数编码的遗传算法的实现流程如图 7-2 所示。

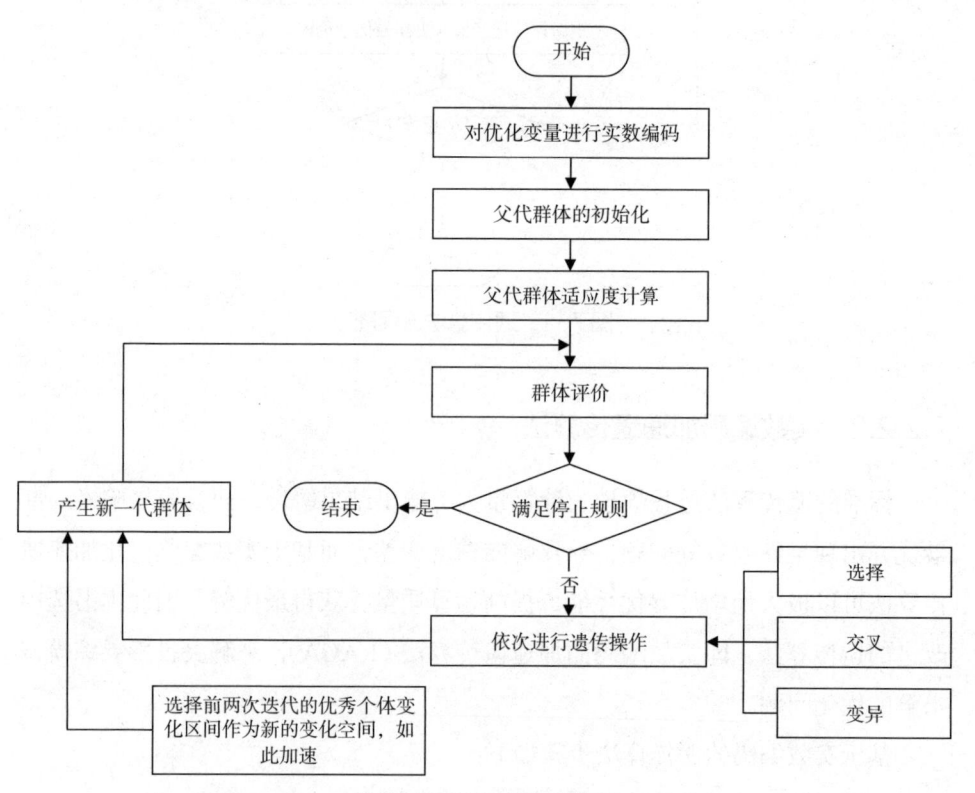

图 7-2　实数编码加速遗传算法流程图

7.2.3 实数编码加速遗传算法优化的投影寻踪模型(RAGA-PP)

RAGA-PP 模型就是采用实数编码加速遗传算法对投影寻踪形成的投影函数值进行优化,将投影寻踪与实数编码加速遗传算法结合,能够有效地解决投影函数的优化问题。结合 7.2.1 和 7.2.2 的模型理论,确定 RAGA-PP 模型的建模步骤如下,建构流程见图 7-3。

步骤一:确定样本及评价指标体系。根据上文构建的脱贫农户生计脆弱性指标体系,选定研究区域脱贫农户调查研究数据。

步骤二:对样本数据进行标准化处理。

步骤三:构建投影指标函数。

步骤四:优化投影函数的投影方向。

步骤五:对优化变量进行实数编码。

步骤六:进行变异操作产生第三代子群体;

步骤七:父代群体的适应度计算。

步骤八:遗传操作。依次进行选择操作、交叉操作和变异操作。

步骤九:迭代演化。选取经过选择、交叉和变异得到的 $3n$ 个子代个体中排名靠前 $(n-k)$ 个子代个体,重新选择为下一轮父代群体,如此进行迭代演化。

步骤十:对算法过程进行加速。

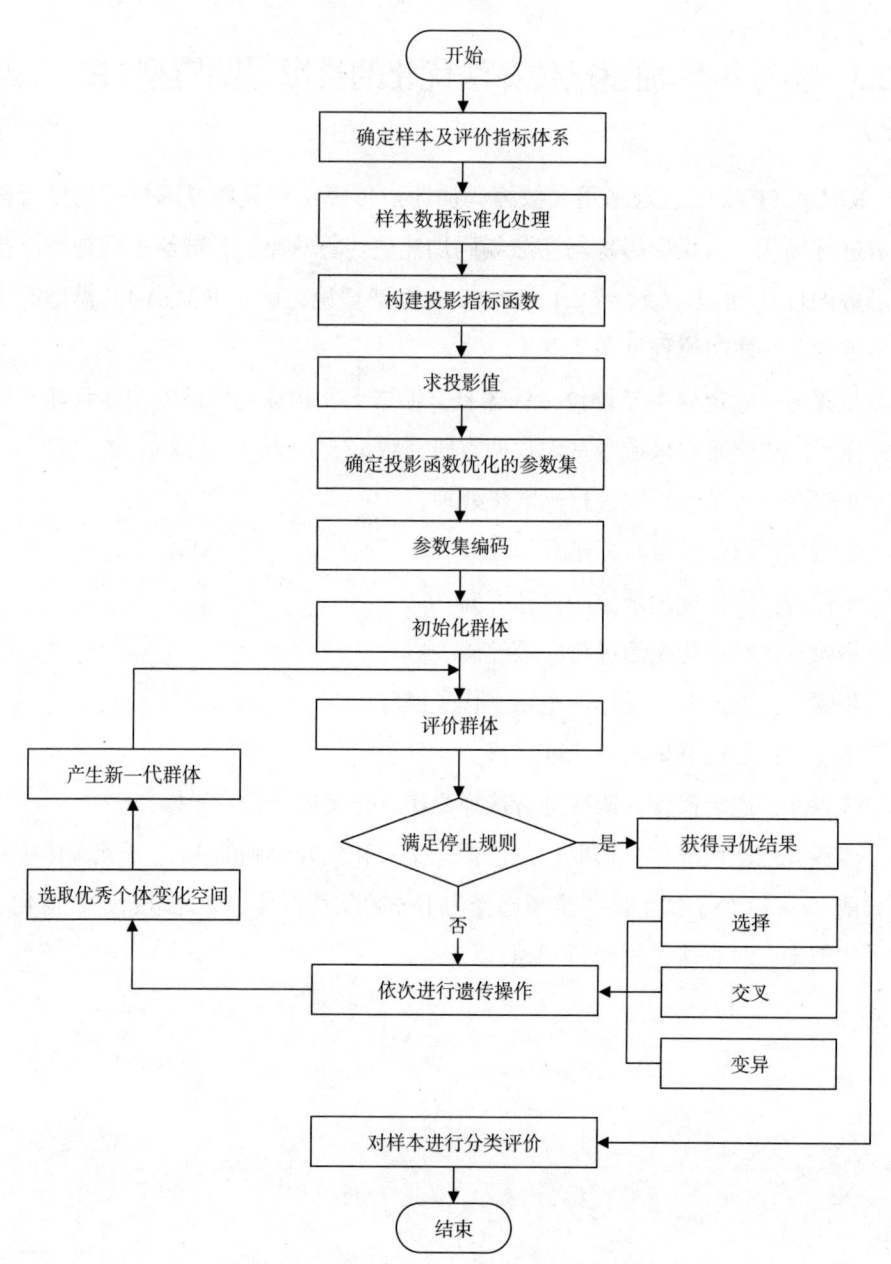

图 7-3　RAGA-PP 模型建模流程图

7.3 脱贫户返贫风险监测及预警

7.3.1 返贫风险因素

7.3.1.1 自然灾害

受地质地貌、水质气候等影响，连片贫困地区自然灾害多，农村居民面临着自然风险，贫困的脆弱性突出。自然灾害导致收入减少、人身伤害。连片贫困地区生态脆弱，干旱、洪水、冰雹、台风和由此引起的地质灾害在连片贫困地区经常发生，在贫困户的生计资本中，农产品收入构成了很大比例。农产品的生产受自然因素制约较大，天气、土地等直接影响着农产品的收成和产出。加之连片贫困地区多处于山地，受自然条件的限制，大规模机械化、农业现代化发展缓慢，更加剧了农产品生产的脆弱性。而当地其他产业发展滞后，影响了农户其他生计资本来源。

7.3.1.2 疾病伤亡

部分连片贫困地区地方病高发，疾病已经成为加剧贫困脆弱性，致使贫困户返贫的重要因素。重大疾病和人身意外伤害导致家庭丧失劳动能力，在收入大幅度减少的同时，支出却急剧上升。贫困地区和贫困家庭面临的风险要高于其他地区和一般家庭，而这些风险的出现往往会导致脱贫家庭重新陷入贫困陷阱，难以自拔。连片贫困地区自然现象恶劣，部分地区地方病高发；外出务工者，大多受教育程度不高，多从事简单低端低技术要求的工种，工作环境危险。除了新农合之外，医疗保险途径不多，卫生机构、医疗条件欠缺，极易遭遇疾病伤亡而返贫。

7.3.1.3 市场波动

市场的剧烈波动导致贫困户收入不稳定。第一，农产品相对于其他产品利润单薄。第二，农产品生产必须有较长的周期。第三，农产品的需求弹性小于供给弹性，供给容易扩大幅度，而需求不会相应增加。第四，农产品的价格波动性大，且价格周期不易确定。产业扶贫经常采用免费为农户提供作物、种苗的形式进行，作物、种苗在一个时间提供给农户，经过同一个生产周期，同时上市。基于以上四种原因，必然产生过剩与滞销，以致价格下降，农户得不到预期收入，生产积极性受影响，产业扶贫效果也大打折扣。基于农产品以上的特征，市场波动给农产品带来的影响更加突出，市场波动也成为贫困户返贫的又一风险。

7.3.2 返贫风险监测及预警系统构建

脱贫户返贫风险监测及预警系统的构建基于前文对连片贫困地区贫困程度的测量、脱贫成效的测度、脱贫户生计资本的测算以及脱贫农户生计脆弱性指标体系设计等。脱贫户返贫风险监测及预警系统主要包括监测子系统和预警子系统两个部分。监测子系统的功能是通过实地调研获取脱贫户的生计脆弱性情况，形成样本数据，通过实数编码加速遗传算法的投影寻踪模型进行脱贫户生计脆弱性评价，以脱贫农户生计脆弱性评价值作为返贫风险监测预警指数，最后得到的监测结果分析不同地区脱贫户返贫风险水平。对于监测结果的分析不仅包括对脱贫户生计脆弱性评价结果的判断和比较，还可以对影响脱贫户生计脆弱性的7个方面进行深入分析。预警子系统的主要功能是对调查区域脱贫户返贫风险的情况做出判断，根据警度的划分，对脱贫农户生计脆弱性严重和较为严重的群体进行警示和预报，从而实现精准帮扶，巩固脱贫成效。通过监测系统与预警系统的结合运用，实现对脱贫户返贫风险的全方面测度、评价和准确的监测、警示。具体实施步骤如下。

第一步，指标体系构建。本书所构建的指标体系基于脱贫户生计脆弱性，可持续生计能力越强，返贫风险越低。遵循科学性、普遍性与针对性原则，结合数据真实性、可操作性原则，涵盖风险暴露程度、风险敏感程度、人力资本、自然资本、物质资本、金融资本和社会资本七大方面，其中包含了18项具体指标。

第二步，样本数据获取。通过实地调研的方式，开始问卷调查和访谈，从而获取直接、第一手的可靠数据。

第三步，样本数据处理。对样本数据进行标准化处理。

第四步，评价值计算。应用实数编码加速遗传算法的投影寻踪模型对脱贫户生计脆弱性进行综合评价，得到返贫风险指数。从而起到对调查区域脱贫户返贫风险实施有效监控作用。

第五步，警度划分。预报警度是预警的目的，脱贫户返贫风险预警的警度就是对返贫风险的程度进行度量的方法。通过警度的划分，实现脱贫户返贫风险的预警。

第六步，预警结果报告。根据返贫风险监控情况和警度划分，汇报区域脱贫农户返贫风险监测及预警的最终结果。为巩固脱贫成效、精准帮扶提供依据。

脱贫农户返贫风险监测及预警系统构建流程如图7-4所示。

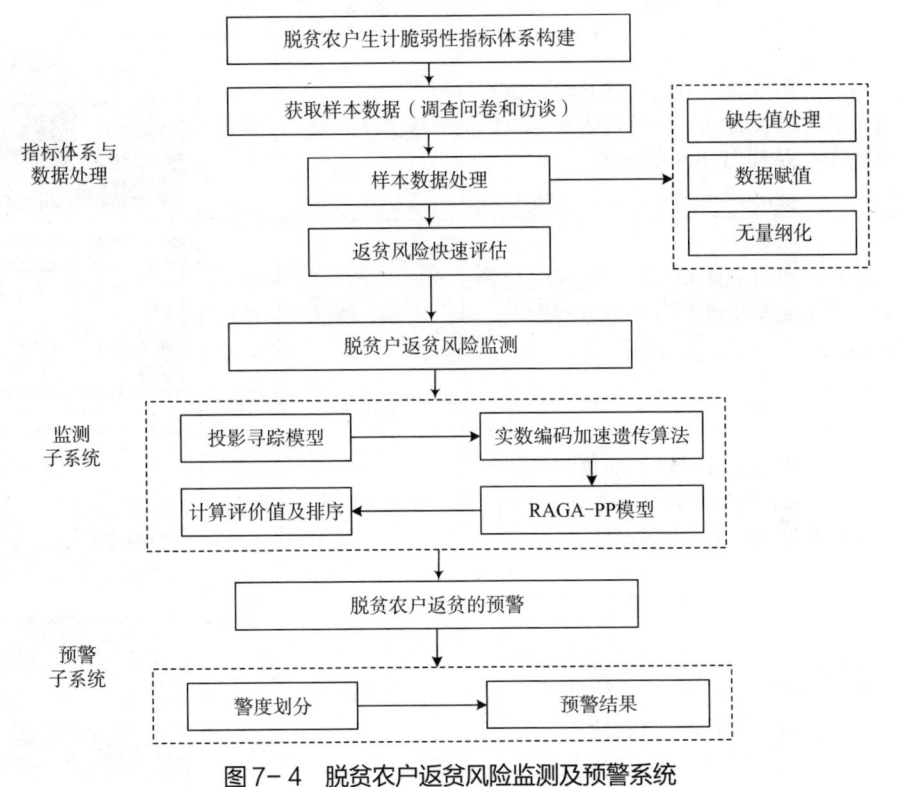

图7-4 脱贫农户返贫风险监测及预警系统

7.3.3 返贫风险的警度划分

7.3.3.1 警度等级的确定

返贫风险预警的警度是指对即将返贫的程度的度量方法。对于预警的警度划分，国内外都有相关规定和研究。例如，我国在气象灾害预警和城市公共危机预警警度方面都均有严格的划分和规定。表7-4列举了我国台风预警警度标准和信号区分。

表7-4 台风预警警度及信号标准

评价标准	警度	信号	图标
24小时内可能或者已经受热带气旋影响，沿海或者陆地平均风力达6级以上，或者阵风8级以上并可能持续	Ⅳ级/一般	蓝色	
24小时内可能或者已经受热带气旋影响，沿海或者陆地平均风力达8级以上，或者阵风10级以上并可能持续	Ⅲ级/较重	黄色	
12小时内可能或者已经受热带气旋影响，沿海或者陆地平均风力达10级以上，或者阵风12级以上并可能持续	Ⅱ级/严重	橙色	
6小时内可能或者已经受热带气旋影响，沿海或者陆地平均风力达12级以上，或者阵风达14级以上并可能持续	Ⅰ级/特别严重	红色	

我国在城市公共危机预警对应方面也有相关规定。例如《国家地震应急预案》中要求，地震灾害分为特别重大、重大、较大、一般四级，对应地震灾害分级情况，将中国地震局应急响应分为Ⅰ级、Ⅱ级、Ⅲ级和Ⅳ级，如表7-5所示。

表7-5 地震灾害应急响应警度

评价标准	地震灾害分级	应急响应警度
300人以上死亡(含失踪),或者直接经济损失占地震发生地省(区、市)上年国内生产总值1%以上的地震灾害	特别重大	Ⅰ级
50人以上、300人以下死亡(含失踪)或者造成严重经济损失的地震灾害	重大	Ⅱ级
10人以上、50人以下死亡(含失踪)或者造成较重经济损失的地震灾害	较大	Ⅲ级
10人以下死亡(含失踪)或者造成一定经济损失的地震灾害	一般	Ⅳ级

同时，许多学者在不同领域的不同研究对象也有诸多警度划分研究文献。如秦琴(2019)将突发自然灾害网络舆情风险划分为敏感舆情、轻度危险舆情、中度危险舆情、重度危险舆情四个警度等级，分别用绿色、蓝色、黄色和红色表示。赵领娣(2012)把风暴潮灾害的风险划分为微灾、小灾、中灾、重灾、巨灾五个警度等级。毛正君(2017)把隧道涌水风险划分为低、小、中、高四个警度等级。

本书参照气象灾害预警和城市公共危机预警警度划分，结合其他相关警度划分文献，根据返贫发展可能性的大小，采取基于四分法进行脱贫农户返贫风险警度等级划分。

四分法将返贫风险划分为四个等级，其具有以下优点。

(1) 层次明确。将返贫风险分为四个等级，一方面，可以有效地克服分级层数少、返贫风险不突出的缺陷；另一方面，也不会产生分级层数过多所造成的分级复杂、分级认知模糊等问题。

(2) 操作性强。四分法是我国最常见的等级分类方法，大多数气象灾害警度等级均采取四分法的模式，其与人们的认知常识相适应，也便于标识和应用，具有很强的操作性和可行性。

7.3.3.2 返贫风险的警度划分

本书采用四分法将脱贫农户返贫风险预警警度划分为以下四个警度，轻度返贫风险（Ⅳ级）、中度返贫风险（Ⅲ级）、高度返贫风险（Ⅱ级）和严重返贫风险（Ⅰ级），并用绿色、黄色、橙色和红色来表示预警信号，如表7-6所示。

表7-6 脱贫农户返贫风险预警警度

序号	级别	返贫风险程度	颜色信号
1	Ⅳ级	轻度	绿色
2	Ⅲ级	中度	黄色
3	Ⅱ级	高度	橙色
4	Ⅰ级	严重	红色

轻度返贫风险（Ⅳ级）表示脱贫户具有较高的生计资本，处于稳定发展状态，抵御风险的能力较强，预计发生返贫概率较低。

中度返贫风险（Ⅲ级）表示脱贫户生计持续性较强，具有一定的风险抵御能力，不过一旦发生巨灾或大病，预计一定程度上会发生返贫。

高度返贫风险（Ⅱ级）表示脱贫户抵御风险能力较差，容易造成因病返贫和因灾返贫，预计发生返贫的概率较高。

严重返贫风险（Ⅰ级）表示脱贫户可持续生计能力很弱，风险抵御能力很差，随时会面临返贫。

7.4 样本区贫困户返贫风险监测及预警

本章内容的样本数据来源于上一章所进行的秦巴山区脱贫调查研究，选择商洛市3个县域22个建制村为样本区，深入1082户脱贫农户家庭进行问卷调查和访谈，调研内容共回收问卷980份，其中有效问卷763份。

7.4.1 指标数据标准化处理

首先进行标准化处理，消除量纲的影响。指标体系中有对脱贫农户生计脆弱性具有正向影响的指标，也有对生计脆弱性具有逆向影响的指标，因此，本书采取极值标准化方法对指标数据进行标准化处理。

(1) 望大型指标：也可称为效益型指标或正向型指标，顾名思义，就是对结果具有正向作用的。对于越大越优型指标，其数据标准化处理方法如公式（7-6）。

$$y = \frac{x - x_{\min}}{x_{\max} - x_{\min}} \tag{7-6}$$

(2) 望小型指标：也可称为成本型指标或逆向型指标，就是对结果具有逆向作用的。对于越小越优型指标，其数据标准化处理方法如公式（7-7）。

$$y = \frac{x_{\max} - x}{x_{\max} - x_{\min}} \tag{7-7}$$

7.4.2 指标最佳投影方向向量计算

根据上文所确定的脱贫农户生计脆弱性评价指标体系，应用实数编码加速遗传算法的投影寻踪模型对标准化后的数据进行评价分析。依据图7-3所述的RAGA-PP模型的建模实现流程，利用MATLAB 2016a软件进行编程计算，采用混合算法来求解投影指标函数的最大值，解决投影向量的优化问题。

MATLAB参数设置如下：样本数 $n = 763$、交叉率 $P_c = 0.8$、变异率 $P_m = 0.2$、加速次数 C_i 为7、变异方向所需随机数 M 为10、两代进化后加速一次的限定数 DaiNo 为2、最大迭代次数 $T_{\max} = 2000$。通过程序计算得到各评价指标的最佳投影方向向量为：

a = (0.0428, 0.0914, 0.1614, 0.1579, 0.1911, 0.1228, 0.1779, 0.1529, 0.1464)

向量 a 中的数值分别代表了各指标的投影方向值，且各指标投影方向的数值大小在一定程度上反映了各评价指标对脱贫农户生计脆弱性的影响程度。

从公式（7-5）可以看出，最佳投影方向向量 a 其实是一个长度为1的标准化向量，即所有 a_j 的平方和等于1。那么我们可以设 w_j 为第 j 个地震保险纯粹风险评价指标的权重，$W = [w_1, w_2, w_3, \cdots, w_j]$ 为地震保险纯粹风险所有评价指标的权重，那么就有：

$$w_j = a_j^2 \tag{7-8}$$

将求得的最佳投影方向向量 a 代入公式（7-8）中，即可计算出各评价指标的权重。经计算可求得脱贫农户生计脆弱性指标体系中各个指标的权重如表 7-7 所示。

表 7-7 脱贫农户生计脆弱性评价指标权重

目标	一级指标	二级指标	投影寻踪计算权重	熵值法计算权重
脱贫农户生计脆弱性（A）	风险暴露程度（B_1）	遭遇自然灾害频率（C_{11}）	0.0018	0.002
		自然灾害带来的损失（C_{12}）	0.0084	0.008
	风险敏感度（B_2）	家中患大病重病的人数（C_{21}）	0.0260	0.025
		家中是否有残疾人（C_{22}）	0.0249	0.029
	人力资本（B_3）	户主年龄（C_{31}）	0.0365	0.034
		成年劳动力比例（C_{32}）	0.0151	0.019
		成年劳动力最高教育程度（C_{33}）	0.0317	0.034
	自然资本（B_4）	人均耕地面积（C_{41}）	0.0234	0.021
		人均林地面积（C_{42}）	0.0214	0.020
		家到最近市场所花费时间（C_{43}）	0.0940	0.088
	物质资本（B_5）	住房类型（C_{51}）	0.0199	0.025
		住房面积（C_{52}）	0.0428	0.041
		生产工具（C_{53}）	0.0776	0.071
		耐用消费品（C_{54}）	0.0613	0.068
	金融资本（B_6）	家庭年收入（C_{61}）	0.1738	0.183
		家庭借款（C_{62}）	0.1822	0.188
	社会资本（B_7）	村组干部、党员（C_{71}）	0.1368	0.122
		是否外村迁入（C_{72}）	0.0222	0.019

表 7-7 分别列举了基于 RAGA-PP 模型计算出的脱贫农户生计脆弱性指标权重采用熵值法计算出来的指标权重，可以看到两种方法计算出的权重设置十分接近，这也在一定程度上反映了本章采用的实数编码加速遗传算法的投影寻

踪模型具有很好的可靠性。

7.4.3 脱贫农户生计脆弱性评价值计算

将最佳投影方向向量 a 代入公式 (7-1) 中，可计算出各脱贫农户生计脆弱性的投影值 z_i (i = 1, 2, 3, ⋯, 763)，即生计脆弱性的评价值。该评价值一定程度上能够反映出脱贫农户的返贫风险。通过计算，调查区域的脱贫农户生计脆弱性投影值的区间及分位如表 7-8 所示。

表 7-8 投影值数据区间

评价方法	最小值	最大值	中值	四分位	四分之三位
投影值	−3.3129	5.1761	0.9316	−1.19065	3.05385

7.4.4 脱贫农户返贫风险预警

结合四分法的脱贫农户返贫风险预警警度划分，将脱贫农户生计脆弱性投影值划分为四个区间，按照从大到小分别对应返贫风险的严重返贫风险（Ⅰ级）、高度返贫风险（Ⅱ级）、中度返贫风险（Ⅲ级）和轻度返贫风险（Ⅳ级），每个区间内的脱贫农户人数和占比如表 7-9 所示。

表 7-9 脱贫户返贫风险预警表

投影值区间	返贫风险警度	人数	人数比例（%）	颜色信号
(5.1761, 3.05385)	严重（Ⅰ级）	2	0.26	红色
(3.05385, 0.9316)	高度（Ⅱ级）	228	29.88	橙色
(0.9316, −1.19065)	中度（Ⅲ级）	338	44.30	黄色
(−1.19065, −3.3129)	轻度（Ⅳ级）	195	25.56	绿色

从表 7-9 可以看出，轻度返贫风险（Ⅳ级）和中度返贫风险（Ⅲ级）的脱贫户接近 70%，这也反映出近些年秦巴山区具有较高的脱贫成效水平，并且脱贫户普遍具有一定的持续生计能力，抵御风险的能力较强，这也与前文测算的连片贫困地区脱贫成效结果不谋而合。但是，还有超过 30% 的脱贫户处于高度返

贫风险（Ⅱ级）和严重返贫风险（Ⅰ级）之中，发出橙色及红色预警，也就是说返贫的可能性很大。对于这部分具有较高概率返贫的群体，应该及时关注脱贫户发展的状态，找出问题所在，综合利用政府和社会力量帮扶，从源头上进行治理和预防，切实提高脱贫户的可持续生计能力。尤其对于发出红色预警的脱贫户，更要集中人力和财力实施精准帮扶，解决其最基本的生活问题，再结合其主要面临的困境制定治理措施，力争缓解预警、阻止返贫。

7.5 小结

本章以脱贫农户生计脆弱性作为返贫风险的衡量指标，进行返贫风险的监测和预警。首先，结合脱贫农户生计脆弱性样本数据的高维度、非线性，并且非正态等特征，结合现有评价方法的局限性，最终引入投影寻踪模型来进行脱贫农户生计脆弱性评价；其次，为了更好地解决投影寻踪模型优化的问题，提高最终评价结果的准确性，采用实数编码加速遗传算法对投影寻踪形成的投影函数值进行优化，从而形成实数编码加速遗传算法的投影寻踪模型；再次，构建了返贫风险监测和预警系统，并进行了返贫风险的警度划分，采用四分法将脱贫农户返贫风险预警警度划分为轻度返贫风险（Ⅳ级）、中度返贫风险（Ⅲ级）、高度返贫风险（Ⅱ级）和严重返贫风险（Ⅰ级），并用绿色、黄色、橙色和红色来表示；最后，以秦巴山区的调查数据为样本，进行了秦巴山区脱贫户返贫风险的监测及预警测算，分析发现虽然秦巴山区具有较高的脱贫成效水平，但是存在着30%的脱贫户面临较高的返贫风险。本章采用的方法、构建的风险监测和预警系统可以为贫困地区进行返贫风险监测和预警提供参考。

8　阻止返贫机制构建

前7章内容对贫困成因与内涵、贫困测量理论、成效评价理论进行了系统阐述，在对中华人民共和国成立以来我国反贫困机制设计与路径实现的历程变迁进行梳理总结的基础上，从我国贫困状况的宏观考量，减贫趋势预测，减贫问题分析开始，聚焦连片贫困地区的贫困现状，测评连片贫困地区动态脱贫成效，并对贫困现状进行量化，在理论与现状分析的基础上选择样本区展开实证检验，构建起返贫风险监测及预警体系。脱贫成效测评包括五部分内容。第一，运用FGT指数测量连片贫困地区贫困程度。第二，建立指标体系，测量连片贫困地区脱贫动态成效。在此基础上，运用因子分析法对其进行贫困现状量化，并对其进行聚类。由此综合评价了连片贫困地区脱贫成效。第三，在综合评价连片贫困地区脱贫成效的基础上，聚焦秦巴山区进行脱贫返贫调查研究与实证检验。建立LV1模型测算样本区脱贫农户生计资本，以此评价脱贫效果的可持续性。第四，以生计脆弱性指标为因变量，采用多元回归法评价扶贫政策对农户生计资本的影响，以此评价不同类别扶贫举措在阻止返贫，发挥长效作用的政策效应。第五，以脱贫农户生计脆弱性作为返贫风险的衡量指标，进行返贫风险的监测和预警。采用实数编码加速遗传算法的投影寻踪模型，构建了返贫风险监测和预警系统，以秦巴山区的调查数据为样本，进行了秦巴山区脱贫户返贫风险的监测及预警测算。

根据前文的分析，巩固脱贫成果，阻止返贫，需要有针对性地提出对策与建议。在连片贫困生成机理的理论基础上，根据调查研究与实证分析的结果，本章将构建阻止返贫的长效机制，提出阻止返贫的政策建议。

8.1 机制构建框架

8.1.1 机制构建依据

阻返机制理论的依据为贫困集聚与贫困陷阱理论、个人可行能力理论、人的全面发展理论。连片贫困地区由于资源禀赋、社会环境、个体因素等原因，人地业不协调，贫困面积大，"连片"分布，贫困程度深，特别贫困，因此难以形成稳定的生计资本，脱贫质量不高。加之自然灾害、疾病以及市场波动的影响，易返贫脱贫，由此陷入贫困陷阱。而经济增长并不会自动有益于贫困群体，因而需要建立配套的机制和制度来保证贫困人口受益。

从返贫调查的分析来看，生计资本是反映农户脱贫质量，判断脱贫户返贫可能性的重要指标，生计脆弱性指数可以衡量评价脱贫政策效应。因而，阻返的短期着力点就是保障农户的生计能力。从物质、自然、社会、金融、人力的生计资本五方面发力，降低生计脆弱性，提升生计资本水平，巩固脱贫成果。

从长期看，贫困户主体是阻止返贫、长效脱贫的内因。根据阿马蒂亚·森的个人可行能力理论，"贫困的关键是能力的缺失，发展的焦点应该是以人的发展为核心"。因此提升基本可行能力是阻止返贫的必由之路。

马克思在《资本论》中更明确地从政治、经济、教育和文化角度论述了人的自由而全面发展理论。认为每个人的"自由的发展是一切人的自由发展的条件"。特别提到了教育在促进人的全面发展过程中的重要作用。实现人的全面发展是阻断贫困的根本举措，是贫困治理的核心思想。

8.1.2 机制搭建思路

既然经济增长所带来的福利不会自动溢向贫困群体，因而需要政府来纠正市场结果，探索解决市场失灵，建立配套的机制和制度来保证贫困人口受益。

阻返机制包括四个层面的含义。其一，贫困的内涵与形式都在不断地变化，一些贫困人口生计的安全性与稳定性不足，易受到风险影响，容易陷入贫困。其二，连片贫困地区是我国贫困程度最深，发展基础最薄弱的地区，也是最易返贫的地区，是反贫困最应该关注的地区。其三，脱贫成效测评是阻返机制建议的前提与基础，可以借鉴成效评估领域研究成果，结合脱贫具体指标进行分析。其四，贫困是一种可行能力的不足。脱贫户"可行能力"的大小可以作为测量脱贫成效、判断返贫可能性的依据，也是创立阻返机制的标准。"可行能力"的提升有赖于一系列政策形成相应的支持系统。

在机制中最先考虑的是资源配置。在扶贫过程中的资源配置是否有效，是否真实链接了扶贫主体与扶贫对象，是否有效减缓贫困、降低贫困发生率，瞄准区域与瞄准农户和人口是否锁定准确，扶贫资源的投放是否科学，政策能否保障资源的精准到位，以及资源法的效用如何，都是资源配置机制中需要一一解决的问题。

其次，考虑的是扶贫主体，随着对贫困理解的演变，扶贫观念与侧重点逐渐演变。在扶助贫困地区和贫困户摆脱贫困的操作过程中，需要调动政府和社会力量，互相配合。扶贫主体是对贫困群体进行帮扶的各种组织、个人。长期以来，政府作为我国扶贫的主体，投入了大量的人力物力资源进行脱贫攻坚，收获了巨大的成绩。在大面积绝对贫困消除后，尤其全面建成小康社会后，扶贫方式从"扶"转向"帮"，企业与社会组织应该更多发挥其优势，可以通过政策引导，鼓励企业履行社会责任，运用其独到效率优势帮贫，实现双赢。

从长远看，未来贫困有许多新问题，如相对贫困、城市贫困，因此，要实现长效脱贫，必须短期与长期相结合，脱贫攻坚与乡村振兴相衔接，建立相对贫困指标体系，对城市贫困进行提早预防。联系工作目标，从提升生计资本到扶智、扶志，提升个人可行能力，实现人的全面发展，贫困地区在此过程中，也实现了可持续的长效发展。

基于此，遵循"理论依据—制度保障—实现路径"的思路，构建一个短期与长期相结合，包含资源配置、政策执行、主体转变、统筹推进、模式创新的阻止返贫制度保障机制。核心内容是生计能力与个人可行能力提升，最终实现全面可持续发展。

8.1.3 机制构建框架

阻返机制框架包括五个具体机制，分别是资源配置机制、政策执行机制、主体转变机制、统筹推进机制以及模式创新机制。其中资源配置机制和政策执行机制是短期发挥作用的机制，主要目的在于修正扶贫政策中的执行偏差；主体转变机制、统筹推进机制、模式创新机制这三项机制是长期发挥作用的机制，促进企业与社会组织扶贫作用、统筹脱贫攻坚与乡村振兴相衔接、对未来贫困问题进行提早预防，扶贫方式从攻坚式转向保障型。五项机制共同作用，协同发力，提升贫困地区可持续生计能力，继而提升人口个人可行能力，实现人的全面发展与地区的可持续发展，预防未来贫困问题，从而阻断返贫，实现长效脱贫。

在五个具体机制之外，阻返长效机制框架描绘了贫困主体"脱贫—返贫—阻返"的理论依据与实现路径，在路径中穿插了扶贫主体帮扶的主要措施。具体内容见图 8-1。

图 8-1 "阻返"长效机制框架图

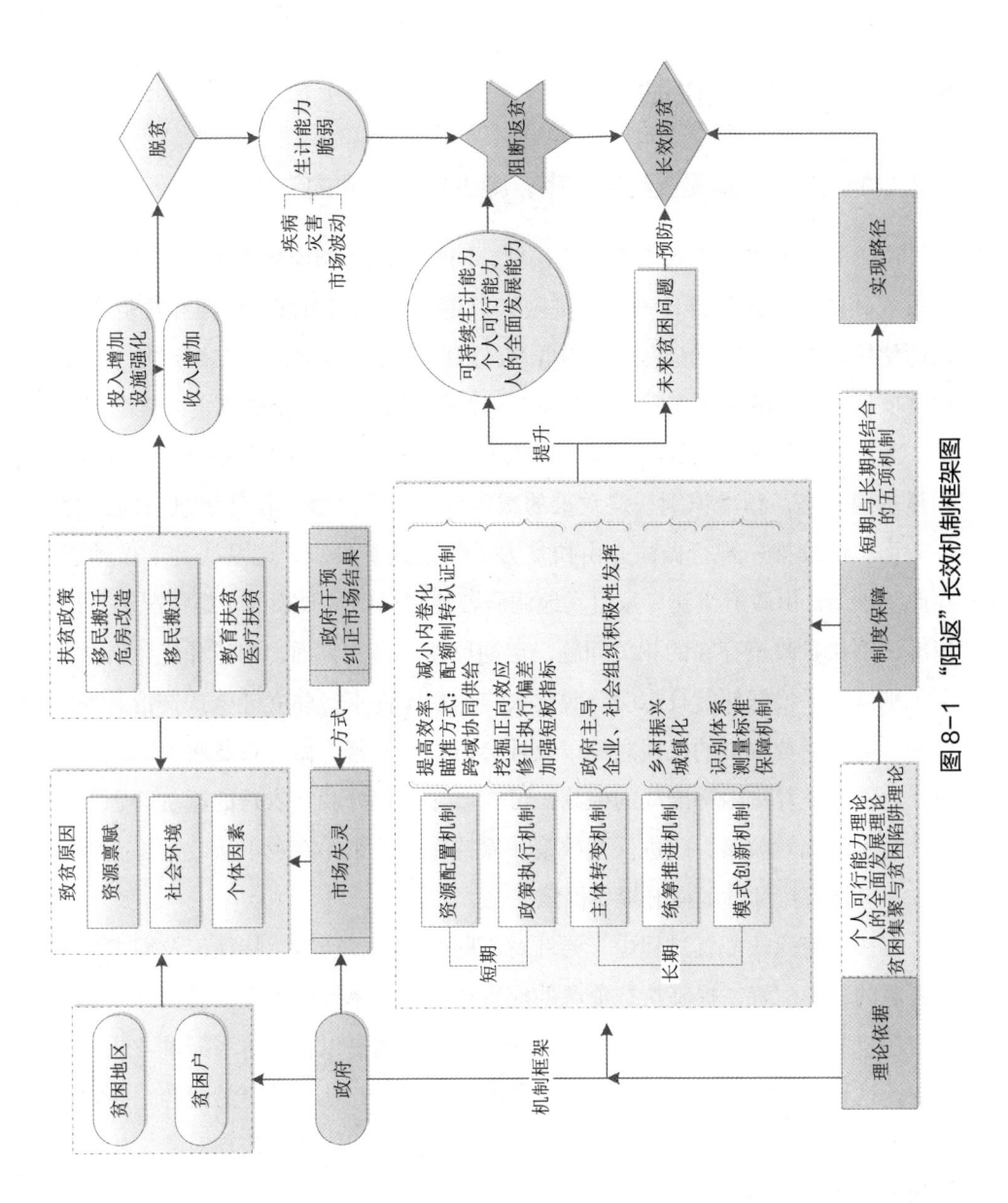

8.2 机制构建内容

8.2.1 资源配置机制

8.2.1.1 提高资源配置利用效率，减少扶贫资源内卷化

由于贫困人口的收入水平普遍偏低，同时又缺乏相应的资源和渠道，相较于收入和能力较高的群体来说，贫困人口更加难以利用扶贫设施和扶贫资源，从而使扶贫成果不能完全惠及贫困群众，因此导致扶贫项目"扶富不扶贫"，使扶贫项目的目标偏离了实际脱贫对象，从而限制了国家的扶贫资金成效发挥。

随着精准扶贫工作的不断深入，需要更加丰富的贫困状态识别，精准跟踪测量贫困状态，精准识别扶贫政策的减贫效应，建立健全扶贫信息反馈机制。一方面，继续推广现行做法并由扶贫人员建立扶贫日志，记录扶贫工作动态。在此基础上，由政府组建专家组实地调研各建制村扶贫政策的实施情况和效果，精准识别扶贫政策存在的相关问题，定期反馈。另一方面，构建和优化科学精准识别体系，根据扶贫日志明确脱贫农户的切实需求，建立健全扶贫信息反馈机制，通过脱贫农户的反馈意见以及社会力量的监督，做好扶贫政策的改进工作。此外，随着贫困标准线的提高，可能会导致部分脱贫农户的返贫问题，因此及时剔除无效政策，改进低效政策，保持高效政策，有利于从政策层面为脱贫农户生计可持续性的提升提供保障。

在扶贫资源的配置过程中，要针对不同的程度、类型、特征以及需求，进行资源的分类配置，提高扶贫资源的配置和利用效率。要注重政府的行为规范和市场机制的合理运用，我国当前的扶贫开发方式是以行政体系配置方式为主导的，这种计划配置方式一方面容易导致中央政府与地方政府的博弈，如地方政府倾向于选择见效快、回报高的扶贫项目，很难切实瞄准扶贫对象，从而产生扶贫低效率现象。

另一方面，由于市场经济自身的自发和运行规律，如果过度强调政府职能分配的方式层产生冲突。如果忽视了市场机制对分配功能的导向，忽视了对贫

困农户个人造血能力的培养和培育，就难以从根本上达到扶贫的目标。

8.2.1.2 转变扶贫资源瞄准模式，由配额制转向认证制

在连片贫困地区脱贫困境的分析中，发现连片贫困地区之间在贫困程度、居民收入消费、生活基本保障、农村基础设施与公共服务四方面存在较大差异。大别山区、罗霄山区、武陵山区、南疆三地州农村基础设施、公共服务也均较好；滇西边境山区，农村居民住房和家庭设施较差；乌蒙山区、吕梁山区、西藏地区、四省藏区，此类区域贫困程度特别严重，农村基础设施、公共服务也最差。在整体配置资源时，要针对不同的片区不同的领域进行有重点的，针对性强的资源配置，瞄准重点需求领域。此外，不同的贫困人口对资源瞄准的要求更加精准。

在现行反贫困工作中采用的是以扶贫资源配额制为主导的瞄准模式，瞄准精度不高，导致扶贫资金极易呈现边际效用递减，为权力寻租提供了空间，扶贫瞄准亟须突破"硬制度"与"软环境"的困局，实现从配额到认证的切实转变。

认证制强调微观识别，其"强规则"和"弱数量"的管理特征，是国家治理现代化和精准扶贫的内在要求。目前国家已具备了推行扶贫认证所需的经济与制度基础。

建议将"建档立卡"转变为设立"个人发展账户"，账户用于促进未来发展、长远计划、个人创新和实现个人目标。政府可以通过配额储蓄、税收优惠、转移支付等政策工具促进连片贫困地区特困家庭个人发展账户的积累，对个人发展账户的使用进行一定形式的干预。

8.2.1.3 构建跨域协同供给机制，破解连片贫困地区公共服务供给困境

连片贫困地区的确立初衷之一，就是要行政区域划分限制，统筹资源，攻克深度贫困问题。在实际工作中，针对"切片"和"屏障"导致的行政区行政的封闭性与公共治理的跨界性之间矛盾的问题，应该充分贯彻精准扶贫思想，将这一打破行政区域限制、统筹资源原则推而广之，发挥临近区域范围内各级政府的协同作用，建立信息互通机制，打造范围性的区域扶贫同盟，构建跨域协

同供给机制，面对问题共商共策。同时，切忌对所有扶贫政策一刀切，尤其是对普惠性的国家扶贫政策，地方政府应据实施策，通过借鉴其他地区的成功经验以及咨询专家等方式解决实际问题，提升扶贫政策的时效性和针对性。

8.2.2 政策执行机制

8.2.2.1 挖掘政策正向效应，完成高效脱贫

以样本县丹凤县为例，丹凤县位于秦巴山区，2020年2月实现脱贫摘帽。2020年，丹凤县剩余未脱贫的905户1942人。905户中低保贫困户562户，占总户数的62.1%；特困供养贫困户221户，占总户数的24.42%；低保特困供养贫困户1户，占总户数的0.11%；一般贫困户121户，占总户数的13.37%，其中低保及特困供养贫困户占比达86.63%❶。由此可见，剩余未脱贫农户大部分是因残因病的个人可行能力缺失的群体，也是可持续脱贫难度最大的对象。

2020年剩余未脱贫的905户1942人，按主要致贫原因占比依次为：因残致贫378户，占41.77%；因病致贫247户，占27.29%；缺劳力151户，占16.69%；缺技术48户，占5.3%；因学致贫38户，占4.2%；交通条件落后25户，占2.76%；自身发展力不足10户，占1.1%；缺资金4户，占0.44%；因灾致贫4户，占0.44%。各项扶贫政策在保障脱贫方面发挥了正向的作用，促进了农户生计资本的提升，保障了可持续脱贫。不同的政策侧重点不同，政策效应也不同，首先要充分发挥各项扶贫政策的正向效应，完成剩余贫困人口脱贫。以产业扶贫、就业扶贫保证稳定增收，以教育扶贫阻断贫困代际传递，以健康扶贫保障个人可行能力的提升，以移民搬迁、危房改造保障生产生活的安定。

提升脱贫农户的技能水平，增加非农类型收入。要巩固脱贫成果，需要降低贫困家庭生计脆弱性，提升其抗冲击能力，保证其生计可持续性。根据秦巴山区脱贫农户调查数据，目前外出务工家庭的脱贫生计可持续性和冲击抵御能力显著超过半外出务工家庭和非外出务工家庭。外出务工家庭的生计脆弱性指数最低，显著小于半外出务工家庭和非外出务工家庭。因而，提升脱贫农户的

---

❶ 数据来源于丹凤县扶贫局信息监测中心《丹凤县脱贫攻坚数据监测报告》。

技能水平，增加非农类型收入是有效"阻返"的重要举措。连片贫困地区群众受教育程度不高，外出去发达地区务工者，多从事简单低端低技术要求的工种，是最易受到经济波动而失业的群体。若遭遇产业收缩，就会第一个失去工作机会。回乡创业，当地第三产业落后，创业环境不佳，加之自身能力限制，从而导致家庭返贫。2020年新冠疫情给脱贫工作带来了极大挑战，主要原因之一就是外出务工受阻。伴随贫困地区经济增长的外向型拓展，当地政府在吸引优质企业落户的同时，可通过定期技能培训、外送求学以及聘请专家授课等方式，提升脱贫农户的技能水平，进而降低脱贫农户进入非农类型工作的门槛。同时，充分利用政府自有资源和企业优势资源，结合脱贫农户的实际需要，构建技能培训与岗位供给一体机制，对技能达标的农户提供合适岗位，形成促进农户职业转型的完整流程体系。

8.2.2.2 修正政策执行偏差，巩固脱贫成果

在调查研究中，尤其是与扶贫干部、脱贫农户的深度访谈中，发现了政策在执行过程中存在的偏差以及信息不对称问题。目前存在的问题主要有以下四点。第一是扶贫产业的规模化没有形成，产业种类很多，一定程度上创造了更多就业岗位，但同时也导致了扶贫产业的分散、凌乱问题，制约了群众自力更生可持续脱贫的稳定性。因此，下一步产业扶贫的重点要整合产业、形成稳定规模的产业链。第二，移民搬迁扶贫解决了"一方水土养不活一方人"问题，给农户生产生活带来了便利，但出现了易地搬迁农户"两头跑"的现象。原因在于易地搬迁一方面使农户脱离了长期安身立命的土地，带来种植养殖的不便，另一方面易地搬迁农户进城后，医疗以及子女教育因划片属地对接不及时导致就医难、上学难，生活成本增加。因此，下一步要着力解决易地搬迁的配套问题，实现"移得出、稳得住、住得下去"。第三，农副产品利润单薄，生产受自然制约较大，并且农产品价格需求缺乏弹性，受"蛛网理论"影响，存在不确定性的价格周期，且波动较大，扶贫时提供的经济作物、免费种苗，往往在一个时期同时成熟上市，供过于求，带来"谷贱伤农"问题。必须靠农产品的市场化、农民的职业化、农业的现代化来解决推进。第四，农村环境整治有所好转，但效果不佳，目前农村环境维护人员主要靠就业扶贫提供的公益性岗位，

农村存在垃圾池、垃圾箱过于分散，生活污水随意排放，公共卫生资源遭到破坏等环境问题。一方面，需要加大农村公共设施；另一方面，要注意农村文明氛围的养成。

8.2.2.3 重点加强短板指标，突破贫困陷阱

连片贫困地区因其深度贫困成为剩余脱贫攻坚的聚焦点。连片贫困地区贫困规模大覆盖面广，贫困分布与资源贫瘠区呈现高度耦合状态，贫困的脆弱性表现突出，且连片贫困地区区域贫困程度存在着显著差异。针对连片贫困地区脱贫成效及现状测评结果，从区域上锁定成效动态评价排名连年靠后的地区重点加强。在不同区域之间，针对前文指标体系详细分析结果，加强短板指标。

从宏观角度看，针对连片贫困地区脱贫成效的测量与分级，重点突破动态成效历年来排名较低的四省藏区、西藏地区和乌蒙山区。特别关注动态成效异常指标，如5年来脱贫成效测评一直最低的四省藏区，2016年突然好转的西藏地区，以及2015年之后成效测评持续下降，与整体情况偏离的滇西边境山区。此外，根据聚类分析，对14个连片贫困地区进行区别施策。

从指标层次判断14个连片贫困地区的脱贫优势以及短板。对各个指标中表现最差，得分最低的片区，重点加强。如农村常住居民基本收支成效准则层中得分最低的六盘山区和吕梁山区；住房及家庭设施状况成效中得分最低的西藏地区和四省藏区；家庭耐用消费品成效准则层得分最低的南疆三地州。农村基础设施、农村公共服务成效准则层中的四省藏区。

针对片区的因子分析得分数据，判断各个片区的优势与长短，如秦巴山区急需改进的是农村住房及家庭设施状况指标。从细分的指标层来看，秦巴山区居住竹草土坯房的农户比重、使用经过净化处理自来水的农户比重和炊用柴草的农户比重三个指标排名都在第11~13名，是急需重点解决的问题；上幼儿园便利的农户比重（第11名）、上小学便利的农户比重（第10名）这两个指标也是薄弱点。因此，秦巴山区现阶段的反贫困要重点关注农户住房、饮水及做饭燃料，改善农村住房及家庭设施；要特别关注农村幼儿园及小学建设，重视教育，提高居民素质，摆脱代际贫困。

8.2.3 主体转变机制

发挥市场和社会主体参与减贫作用，提高贫困治理效率。贫困问题的成因是复杂的，表现是多维的，不同地区、不同的农户，其致贫因素的组合也各有不同。因而，对贫困的有效治理，应该采取综合性的治贫策略。从我国反贫困模式的演变阶段来看，政府贫困治理行动、市场策略减贫，以合作互惠为特点的社会减贫机制，对于全面的贫困治理具有各自的优势。

在大规模贫困地区退出，贫困人口脱贫的新形势下，以公共政策为特征的政府减贫出现了效率的递减。市场机制和社会组织参与贫困治理的作用凸显，市场主体和社会组织在创新领域更具活力，更能够响应贫困成因多元化和贫困地区异质性的需求。在新的形势下，要充分发挥其作用，以提高贫困治理效率。

市场主体和社会组织参与贫困治理也存在着若干制约因素，如市场主体与农户之间的利益联结模式、融资困境、风险管控能力等。鼓励市场主体和社会组织参与贫困治理，要通过搭建良好的政企关系、政社关系，对其提供指导和支持。

8.2.4 统筹推进机制

脱贫攻坚与乡村振兴，实现有效对接融合。巩固拓展脱贫攻坚成果同乡村振兴的有效衔接是五年过渡期的重点任务，要做到高效地衔接、协调、协同。从理论上讲，巩固拓展脱贫攻坚成果是实现乡村全面振兴的根本和先决条件，而实施乡村振兴战略则为脱贫致富提供原动力。从长远来看，这两个战略布局都是全面推动共同富裕的重大战略举措。从现实意义来看，巩固拓展脱贫攻坚成果同乡村振兴的有效衔接，是新发展阶段提升农业农村现代化水平、引领农民增收致富的重要措施，也是推进乡村可持续发展内生机制建立的有效手段。

在具体实施中，巩固拓展脱贫攻坚成果同乡村振兴的有效衔接还存在乡村产业发展水平低、生态治理任务艰巨、人才引育留用难度较大、基础设施欠缺等问题，同时部分地区也缺乏规划的统筹引领。因此，要建立巩固拓展脱贫攻坚成果同乡村振兴有效衔接的统筹推进机制，进一步强化顶层设计，全面布局，实现五大振兴。第一，正确和有效处理好脱贫攻坚与乡村振兴关系，做到乡村振兴整体规划和村庄、生态、产业等专项规划与脱贫有效衔接。第二，脱贫攻坚与乡村振兴统筹融合推进，细化农村土地租赁、转包、入股以及深化农村集体产权制度和壮大集体经济改革等方面的管控服务机制，激活集体经济。

8.2.5 模式创新机制

持续探索，进行机制创新、模式创新、服务创新，建立综合性风险管理体系，以巩固脱贫成果。如进行农业保险创新，相关金融监管机构与保险公司可以建立农村地区保险信息和数据交换机制，提升保险公司对农村财产险各类险种的风险定价、风险管理能力。

8.2.5.1 识别体系创新

在当前扶贫工作中，对贫困群体的识别以贫困人口数量、贫困差距以及贫困严重度3个指标为依据，通行的办法是划定贫困线加走访、评定。现行的精准识别方法在反贫困基础工作中发挥了巨大的作用，但外部环境的差异，致贫原因的不同，会使扶贫效果迥异，且扶贫效果也会有反复。随着精准扶贫工作的不断深入，"贫困线"一刀切识别方法的弊端已出现，需要更加丰富的贫困状态识别体系，甄别贫困状态。建议应依据贫困脆弱性概念，采用"人头数的贫困脆弱性""脆弱性差距""脆弱性严重程度"等指标来测量贫困状态，甄别持久性贫困与暂时性贫困，从而有针对性地区别制定精准脱贫、精准退出政策，巩固扶贫成果，预防各种外部冲击导致地贫困脆弱性。同时，进一步扩大贫困识别的范畴，诸如文化贫困、精神贫困等隐性贫困，也应及时发现及时治理，从而提高扶贫工作的准确性和效率。

8.2.5.2 完善测量标准

（1）绝对贫困标准的转变。绝对贫困的测量方面，建议将普遍采用的用收入来测量贫困，划定贫困线的方式，转为用资产来测量贫困。用资产来测量贫困有几个好处。一是资产体现的是家庭的经济资源能力。家庭的经济资源能力是一个家庭长久、稳定经济状态的反映，比收入更能够衡量可持续生计能力。二是资产反映了一个家庭多年的收入积累和消费平滑后的财富状况，它更能准确地反映一个家庭的长期贫困。三是资产可以通过继承、转让、转移等形式获得，它更能准确地反映一个家庭或个人的真实状况。

（2）相对贫困标准的确立。表8-1列示了2013—2019年全国、陕西省、浙江省总体、城镇以及农村居民人均可支配收入。通过数据对比可以看出两个方面。第一，城乡居民人均可支配收入存在差异。全国居民人均可支配收入、全国农村居民、城镇居民人均可支配收入存在着大的差异；位于东部地区的浙江省居民人均可支配收入、浙江省农村居民、浙江省城镇居民人均可支配收入存在着大的差异；位于西部地区的陕西省居民人均可支配收入、陕西省农村居民、陕西省城镇居民人均可支配收入存在着大的差异。农村低于城镇，贫困地区农村人均可支配收入最低。第二，区域之间存在差异。其中，2019年浙江省农村居民人均可支配收入29876元，已达到全国平均水平。相当于贫困地区农村居民人均可支配收入11567的2.58倍，相当于陕西省农村居民人均可支配收入12326元的2.42倍。2019年浙江省城镇居民人均可支配收入已达60182元，相当于全国平均水平30733的1.96倍，相当于贫困地区农村的5.20倍。由此可见，城镇居民、农村居民、不同区域城乡居民的平均收入水平有很大的差异，因此相对贫困的定义必然不同。

表8-1 居民人均可支配收入对照表

单位：元

年份	全国	全国城镇	全国农村	贫困地区农村	陕西省	陕西省城镇	陕西省农村	浙江省	浙江省城镇	浙江省农村
2013	18311	26467	9430	6079	14372	22346	7092	29775	37080	17494
2014	20167	28844	10489	6852	15837	24366	7932	32658	40393	19373
2015	21966	31195	11422	7653	17395	26420	8689	35537	43714	21125
2016	23821	33616	12363	8452	18874	28440	9396	38529	47237	22866
2017	28228	36396	13432	9377	20635	30810	10265	42046	51261	24956
2018	28228	39251	14617	10371	22528	33319	11213	45840	55574	27302
2019	30733	42359	16021	11567	24666	36098	12326	49899	60182	29876

数据来源：根据国家统计局年度数据整理。

随着福利制度的完善，绝对贫困的减少以及消除，相对贫困将成为反贫困研究的主要对象。发达国家和地区多用收入中位数来进行相对贫困标准的确立。如1979年，英国对贫困的定义是"家庭收入低于收入中位数的60%"，英国政府根据当年处于中间收入分配阶层的家庭所获得的税后收入，计算出了不同类型家庭收入的货币量，我国可以参考此类方法，尽快确定相对贫困标准，见表8-2。

表 8-2　英国不同类型家庭的相对贫困线（2013/2014 年）

家庭类型	贫困线：家庭收入，英镑/周
单个成人	134
1对夫妇，无子女	232
1对夫妇，1个孩子	278
单亲家庭，1个孩子	181
1对夫妇，3个孩子	371

资料来源：Living Standards, Poverty and Inequality in the UK:2015, The Institute for Fiscal Studies.

8.3　小结

针对脱贫成效评价结果以及在脱贫返贫调查中发现的问题，基于贫困与反贫困理论基础，未来反贫困工作必须短期与长期相结合。在短期内，①需要更加精准施策，巩固扶贫成果，预防各种外部冲击导致的贫困脆弱性；②重点加强脱贫成效评价中的短板环节，充分发挥能够有效提升脱贫户生计可持续的帮扶政策，改良效果不显著的政策，高效"阻返"；③开展脱贫攻坚普查和扶贫政策效果后评估，为后续工作提供信息参考，加快建立"阻返"监测和帮扶机制，保持脱贫政策稳定。在长期中，①持续推进全面脱贫与乡村振兴有效衔接；②对相对贫困划定标准进行提前设计；③对城市贫困等新问题，收入分配等深层次原因早探讨、早预防。

9 巩固拓展脱贫攻坚成果同乡村振兴有效衔接

在脱贫攻坚战取得决定性胜利之际,党中央适时做出了巩固拓展脱贫攻坚成果同乡村振兴有效衔接的重大战略决策。14个连片特困地区作为曾经的扶贫攻坚的主战场,经过10年的减贫实践,目前都消除了区域性整体贫困。由于地理位置、资源环境、发展基础等原因,仍是巩固拓展脱贫攻坚成果与乡村振兴有效衔接的重点区域。巩固拓展脱贫攻坚成果是乡村振兴的重要基础和出发点,乡村振兴战略的实施又是巩固和拓展脱贫攻坚成果的路径。本研究对14个片区的精准扶贫成效进行了测量评估,梳理了演化轨迹,认识了各个片区的短板,可以作为片区有针对性地促进脱贫攻坚与乡村振兴的有效衔接的依据。

巩固拓展脱贫攻坚成果同乡村振兴有效衔接是实现长效脱贫减贫,走向共同富裕和现代化的重要路径。"三农"工作重心从脱贫攻坚转向全面乡村振兴,是我们党深刻把握我国新发展阶段农村发展新特征新要求做出的决策部署。脱贫攻坚攻克了绝对贫困短板,为乡村振兴夯实了基础,乡村振兴为建立长效脱贫机制贡献内在动力。脱贫攻坚的经验是对乡村振兴的有益价值贡献。脱贫攻坚与乡村振兴战略耦合、逻辑连贯,在时间上继起,空间上重叠,彼此之间递进接续。乡村振兴要巩固脱贫攻坚取得的成果,注意接续扶贫脱贫的相关政策。

9.1 探索生态产品价值转换

连片贫困地区虽然交通不便,但普遍生态较好。生态产品是解决生态资源价值转换、生态资本保值增值以及实现生态经济永续发展的基础。"绿水青山就是金山银山"。在"两山"理论的指导下,着力处理好生态保护与产业发展相协调的关系,加大村庄生态保护力度与修复力度推进生态保护行动,发挥易地搬迁等政策效应,实现乡村生产生活环境稳步改善,生态产品供给能力进一步增加。一是根据生态文明建设和生态家居的总要求,加快生态专业合作社建设,充分利用自然资源的多重效益,打造乡村生态产业链,增加生态保护岗位与农户就业机会,根据国务院办公厅《关于健全生态保护补偿机制的意见》要求,健全地方生态保护资金投入机制,多元化生态补偿体系以及自然资源有偿使用制定,确定优惠补贴政策,探索实物补贴、设施补偿等方式,确保走绿色发展之路。2021年4月26日,中共中央办公厅、国务院办公厅印发的《关于建立健全生态产品价值实现机制的意见》,从制度层面破解了"两山"转化的瓶颈制约,成为首个将"两山"理论落实到制度安排和实践操作层面的纲领性文件。目前,浙江、江西、贵州、青海4个国家生态产品价值实现机制试点省份已经取得了积极进展和初步成效。连片贫困地区可以以一个地市或者"特色小镇"等来试点探索生态价值实现机制。

第一,试点探索物质供给类生态产品价值实现机制。结合各地区实际生态系统特征,确定物质供给类生态产品目录清单,建设物质供给类生态产品计量标准、交易标准、认证标准和质量标准体系。培育第三方物质供给类生态产品质量认证机构,实现生态产品信息可查询、质量可追溯、责任可追查。及时跟踪掌握物质供给类生态产品数量分布、质量等级、功能特点情况等信息,合理测算物质供给类生态产品的市场价值,构建生态产品价值实现长效可持续机制。

第二,试点探索文化服务类生态产品价值实现机制。一是将文化服务类生态产品价值实现机制全面纳入区域发展、资源利用、乡村振兴等相关规划,发挥规划的统筹引领作用,提高文化服务类生态产品价值实现机制"融合性";二是综合考量不同地区红色资源、人文历史、交通网路、文化旅游等方面的差异,因地制宜地开发文化服务类生态产品价值转化指南,实现多地区、多种类、多形式、多元化的生态产品价值实现机制,提高文化服务类生态产品价值实现通道"灵活性";三是研究制定文化服务类生态产品价值的核算方法与标准体系,提高文化服务类生态产品价值转化能力"有效性";四是借助生态指标或生态信用等实现文化服务类生态产品的市场交易,提高文化服务类生态产品价值实现渠道"多样性"。

第三,试点探索调节服务类生态产品价值实现机制。确定生态补偿的依据和原则,建立区域调节服务类生态产品核算指标体系,对区域调节服务类生态产品价值进行核算,测算调节服务类生态产品生态补偿标准,界定调节服务类生态产品生态补偿的主体和客体,选择补偿手段与补偿方式。一是从直接市场、可交易许可证、科斯式协议、反向拍卖、自愿价格信号等方面探索特色小镇生态产品价值实现的经济政策工具;二是从支付主体、治理结构、资金来源等特定视角探索特色小镇生态产品价值实现的模式;三是从产权界定、生态资本化、市场交易体系等方面探索特色小镇生态产品价值实现的路径。

第四,试点探索区域生态服务平台。从增强宏观政府制度供给、发展中观产业的网络化复合、激发微观内部动力三个层次来搭建区域生态服务平台体系。首先,宏观制度的供给通过公共政策的提供、建立健全特色制度供给、强化生态资源与特色小镇的互动、优化特色小镇空间组织,实现区域生态服务平台的建立;其次,区域中观产业的网络化复合通过产业结构调整、强化科技与文化对特色产业的支撑、构筑网络型的新型产业组织形式、构建以生态平衡为主导的特色产业结构体系实现生态服务平台的建立;最后,微观内部动力的强化通过增强区域内部各主体间的联系、注重人才的培养与利用、扩大特色小镇融资渠道、发展新型市场体系实现生态服务平台的建立。

9.2 特色产业带动产业兴旺

在第6章返贫调查中,产业扶贫、健康扶贫、危房改造、移民搬迁、就业扶贫、教育扶贫等6项扶贫政策中,产业扶贫对脱贫农户生计可持续性具有最显著的正向促进作用。产业扶贫直接带动当地特色农业发展,保障持续的生计资本。产业兴旺是乡村振兴第一要求,因此,产业发展是农民生计可持续生计能力形成的重要保证,也是乡村振兴的基础工作。没有本土化特色产业的兴旺,脱贫成果的巩固就会出现问题,乡村振兴也缺少根基。依托本土资源优势,促进特色产业兴旺发展,筑牢精准脱贫与乡村振兴基础。秉持绿色可持续发展理念，推进三产融合。

促进本土产业兴旺，必须基于现实，量化国家产业政策，出台具体措施，为精准脱贫与乡村振兴有效衔接创设良好的政策环境。农业绿色发展与生态环境保护密切相关，在推进三产融合的过程中，要根据中央指导性政策文件，立足本地实际，落实要求、用足政策，并在政策框架下制定本地执行细则。基于《关于深入推进农业供给侧结构性改革 加快培育农业农村发展新动能的若干意见》《中国农业展望报告（2018—2027）》等相关政策意见，立足本土特色，统筹规划乡村发展方向，因地制宜调整农业结构。根据国务院办公厅《关于进一步促进农产品加工业发展的意见》，改进农产品深加工技术，提升农产品附加值。根据《农业部关于2017年农业品牌推进年工作的通知》，编制本地农产品品牌战略规划，积极培育有机农产品，提升品牌知名度。根据国务院办公厅《关于推进农村一二三产业融合发展的指导意见》，加大乡村旅游配套设施建设投入，发掘休闲农业等新业态。建设特色鲜明的生态园、农业园，制定产业园区定点扶持发展细则，建立"园区＋农村＋农户"的模式。落实财政部《农业生产发展资金管理办法》，用好财政统筹安排的各项农业发展资金，加大对农民教育、农业技术推广体系建设的投入，广纳社会资本积极参与项目投资，盘活乡村发展的闲置资产。

发展特色产业，要树立全局理论，合理规划产业发展战略，结合乡村的资源优势、区位条件以及地方特色，遵循产业发展规律，合理利用土地、资金、劳动力，使产业项目为乡村产业兴旺打好基础。调整农村产业结构，拓展农业服务链，做大做强特色产业，技术先进的知名特色品牌，创新产业销售渠道。并注意做好特色产业发展的风险防范，在特色产品生产、加工、销售的过程中，及时发布市场信息、气象信息、技术信息等，为农业经营主体提供好服务，及时预防化解危机，为乡村厚植基础，增添动力。

9.3 推广新型收益分享模式

积极发挥村级集体经营主体的作用，完善利益联结和分享机制，促进巩固拓展脱贫攻坚成果同乡村振兴的有效衔接。进一步发展农村集体经济，扶持和培育龙头企业、农民专业合作社、家庭农场、农业服务组织、致富带头人等新型经营主体，带动脱贫户和防止返贫监测户融入产业链、利益链，完善利益联结机制，形成企业、合作社和脱贫户、小农户在产业链上优势互补、分工合作的格局。

首先，实施农村集体经济建设"四抓工程"，通过抓"三变"改革、抓利益联结、抓财务管理、抓典型示范，全面提升集体经济规范运营水平，实现集体经济高质量发展。建立健全农村集体经济组织收益分配制度，明确收益分配原则，完善落实按股分配制度，切实保障农民利益。开展集体经济发展示范工程，建立符合市场经济要求的集体经济运行新机制，推动由农业为主向农业与乡村产业并重发展，采取股份合作、产业联动、园区共建、产业联盟及定向帮扶等形式，全面提升村级集体经济发展水平。支持村集体经济组织结合当地特色主导产业，通过集体自办、招商引资、能人领办、入股联营等形式发展农业产业化项目。依托农村"三变"改革，将各级财政支农资金和投入所形成的资产，以村集体股份的形式投入经营状况比较稳定的合作社、企业或其他经济组织，增加集体收益。探索设立村集体经济发展专项基金，采取贴息、奖励、补助等方式扶持村级集体经济发展。其次，全面开展农村集体资产清产核资、集体成员身份确认，加快推进集体经营性资产股份合作制改革。深化"三变"改革，建立"六型联结、三七分配"利益联结机制。分类建立集体经营性资产、非经营性资产和资源型资产管理合账，不断提升集体资产的维护、管理和运营水平。建立农村集体资产管理平台和农村产权流转交易市场，在符合法律规定的前提下，对村集体经营性建设用地实施招、拍、挂，在取得土地手续后，以租赁或入股方式，土地出让收益由村级组织用于发展壮大集体经济。最后，建立紧密型利益联结机制，推广新型收益分享模式。根据国土资源部等部门《关于扩大国有土地有偿使用范围的意见》，完善乡村产权制度改革，增加贫困人口的资产性收入。根据国务院《关于深化经济体制改革重点工作的意见》，坚持增加农民收益分享的基本原则，通过政策引导，支持农民积极参与合作社、龙头企业等合作与联合，探索"订单收购＋分红""土地流转＋社会保障""农民入股＋保底＋分红"等模式运行规则，提高农民对现代产业的参与度，分享更多产业链增值收益。

9.4 规划引领因地制宜推进衔接

在实施过程中，规划引领和评估考核是实现巩固拓展脱贫攻坚成果同乡村振兴有效衔接的关键。各片区要根据自身发展的实际，抓紧制订"十四五"时期的发展规划，把脱贫攻坚和乡村振兴有机衔接起来，统筹推进农业农村现代化、乡村振兴示范村规划等具体发展规划的编制和实施，以规划引领片区高质量发展。同时，要制定一系列评估考核制度，加强对规划实施和推进衔接的实绩考核，对考核排名靠后、履职不力、失职失责的严肃追责问责，确保脱贫攻坚成果同乡村振兴有效衔接。

从调查研究来看，各片区着力于提升农民收入来防止因病返贫、因灾返贫，但对于巩固拓展脱贫攻坚成果方面仍陷于脱贫攻坚时期的路径依赖，对于提升片区的整体发展能力、有效激发脱贫人口内生动力认识不足。因此，各地需要深刻认识习近平总书记关于两大战略有效衔接系列论述的丰富内涵，明确两大战略的内在联系和承接关系，充分认识防止发生规模性返贫是推进两大战略有效衔接的底线任务，认识推进有效衔接的核心在于强化顶层设计、健全工作体系、优化帮扶队伍和稳定帮扶政策，认识推进有效衔接的关键在于衔接路径的统筹规划、工作机制的持续优化和帮扶政策的梯度升级。推进巩固拓展脱贫攻坚成果同乡村振兴有效衔接，关键在于精准把握区域差异，因地制宜实施差异化发展战略，结合片区实际做出衔接安排。一方面，要做到既要科学设置目标、重点工作，又要使衔接节奏、力度和任务时限与区域发展的现实相适应，构建自上而下的衔接发展战略。另一方面，要自下而上充分了解脱贫农户对美好生活的现实需要，综合考量不同脱贫地区、不用发展阶段、不同人口实际的发展异同，因地制宜制定差异化的目标任务和政策体系，建立起回应不同区域和个体发展诉求的差异化政策体系。

9.5 总结与展望

当前中国社会主要矛盾已经转化为人民日益增长的美好生活需要和不平衡

不充分的发展之间的矛盾,脱贫目标的如期实现,绝对贫困的消除,并不意味着贫困的根本化解。随着人口流动的加速,贫困群体在地域分布上已经呈现出越来越分散的格局,更多的贫困人口会出现在城市,城市贫困将成为反贫困的新焦点。传统扶贫政策都是以农村为基地,以农村贫困群众为扶贫客体。城市贫困是完全不同于农村贫困的一个新问题,要早做准备,早做预防。随着我国社会主要矛盾的转变,相对贫困将成为未来贫困的新命题。相对贫困侧重于人群之间的比较性,2020年后相对贫困的群体将会是谁,相对贫困的类型和特征是什么,要求有前瞻性的预判与机制设计。

2000年9月联合国首脑会议上,189个国家签署了《联合国千年宣言》,通过了联合国千年发展目标,千年发展目标中规定了促进人类发展的8个目标:消除极端贫困和饥饿;实现普及初等教育;改善产妇保健;对抗艾滋病病毒以及其他疾病;促进两性平等;降低儿童死亡率;确保环境的可持续能力;建立促进发展的全球伙伴关系。这8个目标在2015年已圆满达成,从1978年到2019年,我国农村贫困人口累计减少7.65亿,贫困发生率从97.5%下降至0.6%,中国作为世界上最大发展中国家,在减少贫困人口、减少饥饿人口方面为世界做出了巨大贡献。

1998年诺贝尔经济学奖阿马蒂亚·森诞生在印度,2006年诺贝尔和平奖得主穆罕默德·尤努斯诞生在孟加拉国。这两个国家贫困规模巨大,至今未实现大规模减贫。消除贫困是人类的共同使命,中国对贫困根源的深刻认知,对贫困治理规律的准确把握,对减贫脱贫的全面创新,为全球减贫事业做出了巨大贡献,发挥了核心作用,于推动世界减贫事业具有很强的理论借鉴意义。期待能为全球治理贫困,为共建人类命运共同体贡献更多"中国方案"。

参考文献

[1] 习近平在决战决胜脱贫攻坚座谈会上强调 坚决克服新冠肺炎疫情影响 坚决夺取脱贫攻坚战全面胜利 [J]. 旗帜，2020(3):7-8.

[2] 习近平. 决胜全面建成小康社会 夺取新时代中国特色社会主义伟大胜利 [N]. 人民日报，2017-10-28(1).

[3] 邓小平文选（第二卷）[M]. 北京：人民出版社，1993:171.

[4] 邓小平文选（第二卷）[M]. 北京：人民出版社，1993:178.

[5] 邓小平文选（第三卷）[M]. 北京：人民出版社，1994:123.

[6] 世界银行. 全球化、增长与贫困 [R]. 中国财政经济出版社，2003.

[7] 邓小平文选（第二卷）[M]. 北京：人民出版社，1994:182.

[8] 吴忠民. 社会公正论 [M]. 济南：山东人民出版社，2004:89.

[9] 周建民. 社会政策：欧洲的启示与对中国的挑战 [M]. 上海：上海社会科学院出版社，2005:96.

[10] 管新华. 新世纪中国的弱势群体与社会主义的共同富裕——中共三代领导人反贫困基本思路比较 [J]. 南京师大学报：社会科学版，2003(1):14-15.

[11] 江泽民. 全党全社会动员起来 为实现八七扶贫攻坚计划而奋斗 [N]. 人民日报，1997-1-6(1).

[12] 阿班·毛力提汗. 中国共产党反贫困理论与实践 [J]. 毛泽东邓小平理论研究，2006(11):20.

[13] 朱霞梅. 反贫困的理论与实践研究 [D]. 复旦大学，2010:68-70.

[14] 马克思恩格斯选集（第二卷）[M]. 北京：人民出版社，1995:268-269.

[15] 王加丰. 西方国家建立社会保障制度的两点经验 [N]. 解放日报，2008,3(18):6.

[16] 童星. 社会转型与社会保障 [M]. 北京：中国劳动社会保障出版社，2007:117-119.

[17] 丁建定. 社会福利思想 [M]. 武汉：华中科技大学出版社，2005:182-186.

[18] 朱霞梅. 反贫困的理论与实践研究 [D]. 上海：复旦大学，2010:91-93.

[19] 冈纳·缪尔达尔. 世界贫困的挑战——世界反贫困大纲 [M]. 北京：经济学院出版社，1991:45.

[20] 吕学静. 社会保障国际比较 [M]. 北京：首都经济贸易大学出版社，2007:237.

[21] 朱霞梅. 反贫困的理论与实践研究 [D]. 复旦大学，2010:96-97.

[22] 叶普万. 贫困问题的国际阐释 [J]. 延安大学学报：社会科学版，2003,25(1):70.

[23] 联合国开发计划署. 2003年人类发展报告 [R]. 北京：中国财政经济出版社，2003:39.

[24] 迈克尔·P.托达罗. 经济发展与第三世界 [M]. 北京：中国经济出版社，1992:137.

[25] 迈克尔·P.托达罗. 经济发展与第三世界 [M]. 北京：中国经济出版社，1992:159.

[26] 叶普万. 贫困问题的国际阐释 [J]. 延安大学学报：社会科学版，2003,25(1):70.

[27] 朱霞梅. 反贫困的理论与实践研究 [D]. 上海：复旦大学，2010:100-103.

[28] 阿马蒂亚·森. 王宇，等译. 贫困与饥荒——论权利与剥夺 [M]. 北京：商务印书馆，2001:40.

[29] 阿马蒂亚·森. 贫困与饥荒——论权利与剥夺 [M]. 王宇，等译. 北京：商务印书馆，2001:198.

[30] 阿马蒂亚·森. 贫困与饥荒——论权利与剥夺 [M]. 王宇，等译. 北京：商务印书馆，2001:160.

[31] 李娟，李坤梁. 论致贫原因维度下贫困户可持续生计管理 [J]. 中国市场，2018(32):33-34.

[32] 张耀文，郭晓鸣. 中国反贫困成效可持续性的隐忧与长效机制构建——基

于可持续生计框架的考察[J].湖南农业大学学报：社会科学版,2019,20(1):62-69.

[33] 刘金新.脱贫脆弱户可持续生计研究[D].中共中央党校博士学位论文,2018:64.

[34] 亚当·斯密.国富论[M].北京：中央编译出版社,2010.

[35] 汪三贵.反贫困与政府干预[J].管理世界,1994(3):40-46.

[36] 童星,林闽钢.我国农村贫困标准线研究[J].中国社会科学,1994(3):86-98.

[37] 仇荀.马克思主义贫困理论及当代中国贫困治理实践研究[D].长春：吉林大学,2016.

[38] 王怡,段凯.阿马蒂亚·森经济学思想对西部精准脱贫的启示[J].商洛学院学报,2017,31(5):91-96.

[39] 阿马蒂亚·森.以自由看待发展[M].北京：中国人民大学出版社,2002.

[40] 汤浅诚.反贫困：逃出溜滑梯的社会[M].台北：早安财经文化有限公司,2010:93.

[41] 王怡,周晓唯.习近平关于精神扶贫的相关论述研究[J].西北大学学报：哲学社会科学版,2018,48(6):53-60.

[42] 王瑜,汪三贵.农村贫困人口的聚类与减贫对策分析[J].中国农业大学学报：社会科学版,2015,32(2):98-109.

[43] 徐孝勇,封莎.中国14个集中连片特困地区自我发展能力测算及时空演变分析[J].经济地理,2017,37(11):151-160.

[44] 张琦,石新颜,顾忠锐.中国绿色减贫成效评价指数构建及测度[J].南京农业大学学报：社会科学版,2019,19(6):20-28,156-157.

[45] 孙久文,张静,李承璋,等.我国集中连片特困地区的战略判断与发展建议[J].管理世界,2019,35(10):150-159,185.

[46] 张大维.生计资本视角下连片特困区的现状与治理——以集中连片特困地区武陵山区为对象[J].华中师范大学学报：人文社会科学版,2011,50(4):16-23.

[47] 贾金荣.六盘山连片特困地区自我发展能力研究[D].兰州：兰州大学,

2013.

[48] 冷志明，唐珊. 武陵山片区自我发展能力测算及时空演变分析——基于 2005、2008 和 2011 年县级数据的实证 [J]. 地理学报，2014,69(6):782-796.

[49] 吴忠军，邓鸥. 南岭民族走廊贫困现状与扶贫开发研究 [J]. 广西民族研究，2014(6):136-146.

[50] 郭铖. 贫困农民经济地位、社会互动与幸福感——以太行山集中连片特困地区为例 [J]. 贵州社会科学，2020(2):153-159.

[51] 钱力，倪修凤. 集中连片特困地区多维贫困测度与治理研究——基于大别山片区微观调研数据 [J]. 北京化工大学学报：社会科学版，2020(1):1-8.

[52] 何得桂. 集中连片特困地区避灾移民搬迁政策执行偏差及其影响——基于陕南地区的调查与分析 [J]. 中国农村研究，2015(2):309-339.

[53] 陈健，吴惠芳. 连片特困地区农村妇女生计发展的要素测度及政策支持研究 [J]. 人口与发展，2020,26(2):99-107.

[54] 韩佳丽. 贫困地区农村劳动力流动减贫的现实困境及政策选择——基于连片特困地区微观农户调查 [J]. 江西财经大学学报，2020(1):99-110.

[55] 贾先文. 三重失灵：连片特困地区公共服务供给难题与出路 [J]. 学术界，2015(8):231-238.

[56] 姚树洁，王洁菲，汪锋. 新时代破除连片特困地区"贫困陷阱"的理论及战略路径研究 [J]. 重庆大学学报：社会科学版，2019,25(5):44-59.

[57] 雷金东. 西南集中连片特困地区城乡居民基本养老保险财政支持能力分析 [J]. 改革与战略，2019,35(8):116-124.

[58] 陈方生，朱道才. 特困连片区多维贫困测度与机理分析——基于大别山革命老区金寨县的调研数据 [J]. 南京理工大学学报：社会科学版，2020,33(2):77-83.

[59] 卓越. 公共部门绩效评估 [M]. 北京：中国人民大学出版社，2004.

[60] 戚振东，吴清华. 政府绩效审计：国际演进及启示 [J]. 会计研究，2008(2):76-85.

[61] 田丹. 财政支农资金使用效益评价——以浙江省为例 [D]. 杭州：浙江大学，2005.

[62] 周朝阳，李晓宏. 如何构建有效的财政支出绩效评价体系 [J]. 武汉理工大学学报：信息与管理工程版，2007(8):138-144.

[63] 陈鹏，李建贵. 财政支农资金的减贫增收效应分析 [J]. 西北农林科技大学学报：社会科学版，2018,18(5):137-145.

[64] 朱乾宇. 我国政府扶贫资金使用的绩效分析 [J]. 乌鲁木齐：科技进步与对策，2003,20(16):36-38.

[65] 邓菊秋，王祯敏，尹志飞. 改革开放40年我国财政支农政策的成效、问题与展望 [J]. 贵州财经大学学报，2018(5):11-16.

[66] 杨照江. 我国农村扶贫资金绩效评价体系研究 [D]. 新疆财经学院，2006.

[67] 姜爱华. 我国政府开发式扶贫资金投放效果的实证分析 [J]. 中央财经大学学报，2008(2):6-9.

[68] 庄天慧，张海霞，余崇媛. 西南少数民族贫困县反贫困综合绩效模糊评价——以10个国家扶贫重点县为例 [J]. 西北人口，2012,33(3):89-93,98.

[69] 张曦. 连片特困地区参与式扶贫绩效评价 [D]. 湘潭：湘潭大学，2013.

[70] 吕国范. 中原经济区资源产业扶贫模式研究 [D]. 北京：中国地质大学，2014.

[71] 张琦，王赟，陈伟伟，等. 贫困地区旅游产业的扶贫脱贫效应分析——以贵州省雷山县为例 [J]. 中国农村研究，2015(2):340-357.

[72] 汪三贵，殷浩栋，王瑜. 中国扶贫开发的实践、挑战与政策展望 [J]. 华南师范大学学报（社会科学版），2017(4):18-25,189.

[73] 刘明月，陈菲菲，汪三贵，等. 产业扶贫基金的运行机制与效果 [J]. 中国软科学，2019(7):25-34.

[74] 王介勇，陈玉福，严茂超. 我国精准扶贫政策及其创新路径研究 [J]. 中国科学院院刊，2016,31(3):289-295.

[75] 左停，杨雨鑫，钟玲. 精准扶贫：技术靶向、理论解析和现实挑战 [J]. 贵州社会科学，2015(8):156-162.

[76] 陈升，潘虹，陆静. 精准扶贫绩效及其影响因素：基于东中西部的案例研究 [J]. 中国行政管理，2016(9):88-93.

[77] 郑瑞强，王英. 精准扶贫政策初探 [J]. 财政研究，2016(2):17-24.

[78] 张耀宇，沙勇，周翼虎. 以人口城镇化破解"空间贫困陷阱"——一个城乡联动的减贫新思路与制度创新 [J]. 云南社会科学，2019(4):91-95.

[79] 郭志杰，方兴来，杨世枚，等. 对返贫现象的社会学考察 [J]. 中国农村经济，1990(4):54-58.

[80] 凌国顺，夏静. 返贫成因和反贫困对策探析 [J]. 云南社会科学，1999(5):33-38.

[81] 董春宇，栾敬东，谢彪. 对返贫现象的一个分析 [J]. 经济问题探索，2008(3):176-178.

[82] 郑瑞强，曹国庆. 脱贫人口返贫：影响因素、作用机制与风险控制 [J]. 农林经济管理学报，2016,15(6):619-624.

[83] 李长亮. 深度贫困地区贫困人口返贫因素研究 [J]. 西北民族研究，2019(3):109-115.

[84] 李仙娥，李倩，牛国欣. 构建集中连片特困区生态减贫的长效机制——以陕西省白河县为例 [J]. 生态经济，2014,30(4):115-118.

[85] 杨园园，刘彦随，张紫雯. 基于典型调查的精准扶贫政策创新及建议 [J]. 中国科学院院刊，2016,31(3):337-345.

[86] 付东震. 精准扶贫过程中返贫阻断的长效机制研究——以福建省建瓯市为例 [J]. 经济师，2017(12):17-20.

[87] 江辰，秦首武，王邦虎. 优化治理精准扶贫与防止返贫长效机制研究——以安徽省宣城市为例 [J]. 成都行政学院学报，2018(5):16-20.

[88] 张鹏，吴明朗，张翔. 家庭财政转移支付如何有效阻止脱贫家庭重返贫困——基于多维返贫测量视角 [J]. 农业技术经济，2022(6):61-76.

[89] 王海滨. 新农村建设必须破解的难题：欠发达地区农民返贫 [J]. 特区经济，2007(8):149-150.

[90] 罗利丽. 农村贫困人口反弹与可持续性发展机制的缺失 [J]. 贵州社会科学，2008(12):76-79.

[91] 欧阳煌，李思，祝鹏飞. 关于新时期财政扶贫治理困境及破解的思考 [J]. 财政研究，2015(12):90-93.

[92] 何华征，盛德荣. 论农村返贫模式及其阻断机制 [J]. 现代经济探讨，

2017(7):95-102.

[93] 章文光. 建立返贫风险预警机制化解返贫风险 [J]. 人民论坛, 2019(23): 68-69.

[94] 赵如, 杨钢, 褚红英. 场域、惯习与"后2020"农村地区返贫及治理——以四川省H县为例 [J]. 农村经济, 2021(1):86-93.

[95] 樊怀玉. 贫困论——贫困与反贫困的理论与实践 [M]. 北京: 民族出版社, 2002:43.

[96] 保罗·萨缪尔森, 威廉·诺德豪斯. 经济学 [M]. 北京: 北京经济学院出版社, 1996:658.

[97] 世界银行. 1990年世界发展报告 [R]. 北京: 中国财政经济出版社, 1990:4.

[98] 联合国开发计划署. 1998年人类发展报告 [R]. 北京: 中国财政经济出版社, 1999:22.

[99] 多博林科夫, 等. 社会学 [M]. 北京: 社会科学文献出版社, 2006:356.

[100] 童星, 林闽钢. 我国农村贫困标准线研究 [J]. 中国社会科学, 1994(3):88.

[101] 程刚. 世行报告: 中国贫困线与国际标准差距悬殊 [N]. 中国青年报, 2009-04-09.

[102] 黄承伟. 中国反贫困: 理论、方法、战略 [M]. 北京: 中国财政经济出版社, 2002:17.

[103] 张衔, 付彤杰. 中国地区间的"人类贫困"近似度量与分析 [J]. 学术月刊, 2009,4(10):80.

[104] 多博林科夫, 等. 社会学 [M]. 北京: 社会科学文献出版社, 2006:343.

[105] 马克思恩格斯选集 (第一卷) [M]. 北京: 人民出版社, 1995:95.

[106] 保罗·萨缪尔森, 威廉·诺德豪斯. 经济学 [M]. 北京: 北京经济学院出版社, 1996:635.

[107] 樊怀玉. 贫困论——贫困与反贫困的理论与实践 [M]. 北京: 民族出版社, 2002:46-52.

[108] 卓越. 公共部门绩效管理 [M]. 福州: 福建人民出版社, 2004.

[109] 蔡立辉. 政府绩效评估的理念与方法分析 [J]. 中国人民大学学报, 2002(5):93-100.

[110] 普雷姆詹德. 公共支出管理 [M]. 北京：中国金融出版社，1995.

[111] 石晶，李思琪. 精准扶贫成效评价指标体系及其构建方法 [J]. 国家治理，2018(1):3-10.

[112] 马克思恩格斯文集(第三卷) [M]. 北京：人民出版社，2009:587.

[113] 阿马蒂亚·森. 贫困与饥荒 [M]. 北京：商务印书馆，2016.

[114] 马克思恩格斯全集(第23卷) [M]. 北京：人民出版社，1972:294.

[115] 马克思. 资本论(第一卷) [M]. 北京：人民出版社，2004:159,743.

[116] 周子伦. 马克思、恩格斯人的自由而全面发展思想解读——隐喻研究视角 [J]. 改革与战略，2017,33(12):28-32.

[117] 徐康宁，韩剑. 中国区域经济的"资源诅咒"效应：地区差距的另一种解释 [J]. 经济学家，2005(6):97-103.

[118] 曹子坚，张俊霞. 资源禀赋与农村贫困的关系分析——基于省际面板数据 [J]. 河北地质大学学报，2019,42(3):86-91.

[119] 段忠贤，黄其松. 要素禀赋、制度质量与区域贫困治理——基于中国省际面板数据的实证研究 [J]. 公共管理学报，2017,14(3):144-153,160.

[120] 王怡，周晓唯. 十九大后贫困县脱贫需求转变与对策建议 [J]. 辽宁农业科学，2018(1):56-60.

[121] 王怡，郭萌. 返贫诱因与阻返机制构建 [J]. 燕山大学学报：哲学社会科学版，2022,23(3):70-79.

[122] 罗尔斯. 正义论 [M]. 北京：中国社会科学出版社，1988.

[123] 王小林. 贫困测量：理论与方法(第二版) [M]. 北京：社会科学文献出版社，2017:5-13.

[124] 胡晗，司亚飞，王立剑. 产业扶贫政策对贫困户生计策略和收入的影响——来自陕西省的经验证据 [J]. 中国农村经济，2018(1):78-89.

[125] 史安娜，李兆明，黄永春. 工业企业研发活动与政府研发补贴理念转变——基于演化博弈视角 [J]. 中国科技论坛，2013(5):12-17.

[126] 程虹，钟光耀. 科技创新政策绩效为何被扭曲：基于企业迎合的实证解释——来自"中国企业-劳动力匹配调查"(CEES)的经验证据 [J]. 广东社会科学，2018(2):29-39.

[127] 习近平. 在深度贫困地区脱贫攻坚座谈会上的讲话[EB/OL]. 2017.8.31 http://politics.people.com.cn/n1/2017/0831/c1024-29507971.html.

[128] 王朝明, 申晓梅. 中国21世纪城市反贫困战略研究[M]. 北京: 中国经济出版社, 2005:23-31.

[129] 郭萌, 王怡. 深度贫困县脱贫成效分析及成果巩固机制研究——以秦巴山区丹凤县为例[J]. 辽宁农业科学, 2020(4):7-11.

[130] 习近平. 下大力气破解制约如期全面建成小康社会的重点难点问题[M]. 习近平. 习近平谈治国理政(第二卷). 北京: 外文出版社, 2017:79-80.

[131] 邓小平文选(第三卷)[M]. 北京: 人民出版社, 1993:109.

[132] 胡锦涛. 坚定不移沿着中国特色社会主义道路前进 为全面建成小康社会而奋斗[N]. 人民日报, 2012-11-18(1).

[133] 高帅. 贫困识别、演进与精准扶贫研究[M]. 北京: 经济科学出版社, 2016:44-45.

[134] 王怡, 段凯. 阿马蒂亚·森经济学思想对西部精准脱贫的启示[J]. 商洛学院学报, 2017(5):96-96.

[135] 习近平在决战决胜脱贫攻坚座谈会上强调 坚决克服新冠肺炎疫情影响 坚决夺取脱贫攻坚战全面胜利[EB/OL]. 2020-3-6.http://www.xinhuanet.com/politics/leaders/2020-03/06/c_1125674559.htm.

[136] 李嫣姤, 刘荣, 丁维岱, 等. Eview统计分析与应用[M]. 北京: 电子工业出版社, 2011:127-136.

[137] 刘小珉. 贫困的复杂图景与反贫困的多元路径[M]. 北京: 社会科学文献出版社, 2017:5-13.

[138] 左停, 徐加玉, 李卓. 摆脱贫困之"困": 深度贫困地区基本公共服务减贫路径[J]. 南京农业大学学报: 社会科学版, 2018(2):35-44,158.

[139] 张明皓, 豆书龙. 深度贫困的再生产逻辑及综合性治理[J]. 中国行政管理, 2018(4):44-50.

[140] 樊杰. "人地关系地域系统"学术思想与经济地理学[J]. 经济地理, 2008(2):177-183.

[141] 张永亮. 论贫困农户自我发展能力提升[J]. 湖南社会科学, 2018(1):

56-61.

[142] 郭熙保, 周强. 长期多维贫困、不平等与致贫因素 [J]. 经济研究, 2016, 51(6):143-156.

[143] 刘七军, 李昭楠. 精准扶贫视角下连片特困区贫困农户自我发展能力提升研究 [J]. 北方民族大学学报(哲学社会科学版), 2016(4):107-110.

[144] 孙鲁云, 谭斌. 自我发展能力剥夺视角下贫困地区多维贫困的测度与分析——以新疆和田地区为例 [J]. 干旱区资源与环境, 2018,32(2):23-29.

[145] 孙鲁云, 谭斌. 新疆少数民族贫困户自我发展能力评价研究 [J]. 湖北民族学院学报:哲学社会科学版, 2018,36(6):88-95.

[146] 郑瑞强, 朱述斌, 王英. 连片特困区扶贫资源配置效应与优化机制 [M]. 北京:社会科学文献出版社, 2017:152-178.

[147] 郭斯炜, 徐伟鹏, 司航. 秦巴山集中连片特困地区旅游扶贫路径研究——以湖北郧西县为例 [J]. 农村经济与科技, 2019,30(21):145-146,165.

[148] 习近平. 在深度贫困地区脱贫攻坚座谈会上的讲话 [J]. 党建, 2017(9):4-9.

[149] 左停, 贺莉. 基于FGT指数的县级贫困程度多维表达与分类扶贫策略研究——以陕西省为例 [J]. 经济问题探索, 2019(7):173-180.

[150] 王怡, 郭萌. 返贫风险及脱贫成果巩固的区域异质性分析 [J]. 湖北农业科学, 2022,61(1):211-217.

[151] 谭雪兰, 蒋凌霄, 米胜渊, 等. 湖南省县域乡村反贫困绩效评价与空间分异特征 [J]. 地理科学, 2019,39(6):938-946.

[152] 李凯恩. 精准扶贫视域下的云南省反贫困治理绩效研究 [D]. 北京:中国社会科学院研究生院, 2017.

[153] 孙晗霖. 连片特困地区财政扶贫绩效评价及影响因素研究 [D]. 成都:西南大学, 2016.

[154] 王怡, 郭萌. 脱贫攻坚与乡村振兴的衔接考量——基于14个"连片特困地区"的效益测评与对策建议 [J]. 山西农业大学学报:社会科学版, 2022,21(3):100-108.

[155] 陈胜可. SPSS统计分析从入门到精通 [M]. 北京:清华大学人民出版社, 2012:349-358.

[156] 王贺佳,武鹏林. 基于 Fisher 最优分割法的汛期分期 [J]. 人民黄河, 2015,37(8):30-34.

[157] 程鹤. 省域高校科技创新能力评价及其演化研究 [D]. 大连:大连理工大学, 2017.

[158] 刘克琳,王银堂,胡四一,等. Fisher 最优分割法在汛期分期中的应用 [J]. 水利水电科技进展,2007(3):14-16.

[159] 肖聪,顾圣平,崔巍,等. Fisher 最优分割法在李仙江流域汛期分期中的应用 [J]. 水电能源科学,2014,32(3):70-74.

[160] 范小建. 准确把握新形势 全力开创新局面 [J]. 老区建设,2009(1):7.

[161] 陈全功,程蹊. 关于减贫的可持续性问题的探讨 [J]. 湖北社会科学, 2015(9):80-85.

[162] 王怡,周晓唯. 基于社会网络分析法的脱贫人口空间关联特征研究 [J]. 财经问题研究,2019(10):19-27.

[163] 徐超华. 政府部门间协调机制问题初探 [J]. 武陵学刊,2010,35(3):48-52.

[164] 徐月宾,刘凤芹,张秀兰. 中国农村反贫困政策的反思——从社会救助向社会保护转变 [J]. 中国社会科学,2007(3):40-53,203-204.

[165] 邹海霞,刘东浩. 工程项目嵌入区农户生计脆弱性及其消解对策 [J]. 广西民族大学学报(哲学社会科学版),2015,37(4):132-138.

[166] 李小云,董强,饶小龙,等. 农户脆弱性分析方法及其本土化应用 [J]. 中国农村经济,2007(4):32-39.

[167] 张童朝,颜廷武,何俊飚,等. 资本禀赋对农户绿色生产投资意愿的影响——以秸秆还田为例 [J]. 中国人口·资源与环境,2017,27(8):78-89.

[168] 王磊,李聪. 陕西易地扶贫搬迁安置区多维贫困测度与致贫因素分析 [J]. 统计与信息论坛. 2019,34(3):119-128.

[169] 陆远权,刘姜. 脱贫农户生计可持续性的扶贫政策效应研究 [J]. 软科学, 2020,34(2):50-58.

[170] 王志章,韩佳丽. 贫困地区多元化精准扶贫政策能够有效减贫吗?[J]. 中国软科学,2017(12):11-20.

[171] 代蕊华,于璇. 教育精准扶贫:困境与治理路径 [J]. 教育发展研究,

2017,37(7):9-15,30.

[172] 孟欣. 基于 Fisher 判别的上市公司会计信息披露质量评价 [D]. 大连: 大连理工大学, 2011.

[173] 张红兵, 贾来喜, 李潞. SPSS 宝典 [M]. 北京: 电子工业出版社, 2007:2.

[174] 刘大海, 李宁, 晁阳. SPSS 15.0 统计分析从入门到精通 [M]. 北京: 清华大学出版社, 2008:5.

[175] 吕振通, 张凌云. SPSS 统计分析与应用 [M]. 北京: 机械工业出版社, 2009:6.

[176] 崔东文. 鸡群优化算法 - 投影寻踪洪旱灾害评估模型 [J]. 水利水电科技进展, 2016,32(2):16-23.

[177] 崔东文, 郭荣. SSO-PP 模型在水源地安全保障达标评价中的应用 [J]. 水利经济, 2015(5):8-13.

[178] 李琳, 王足. 我国区域制造业绿色竞争力评价及动态比较 [J]. 经济问题探索, 2017(1):64-71.

[179] 李国良, 李忠富, 付强. 基于投影寻踪模型的企业绩效评价研究 [J]. 运筹与管理, 2011,20(4):170-175.

[180] 李霄鹏. 贪婪算法与遗传算法结合的建设项目合同优化选择 [J]. 统计与决策, 2019(6):76-79.

[181] 郭豪杰, 龙蔚, 张德亮. 基于投影寻踪模型对乡村振兴的评价 [J]. 世界农业, 2019(12):44-52.

[182] 刘平, 邹峥嵘, 杜锦华. 基于 GIS 与 PPC 的土壤重金属污染综合评价 [J]. 测绘与空间地理信息, 2012,35(5):116-119.

[183] 秦琴. 突发自然灾害网络舆情风险评价研究 [D]. 合肥: 中国科学技术大学, 2019.

[184] 赵领娣, 边春鹏. 风暴潮灾害综合损失等级划分标准的研究 [J]. 中国渔业经济, 2012(3):42-49.

[185] 毛正君, 杨绍战, 朱艳艳, 等. 基于 F-AHP 法的隧道突涌水风险等级评价 [J]. 铁道科学与工程学报, 2017,14(6):1332-1339.

[186] 马克思恩格斯全集 (第 23 卷) [M]. 北京: 人民出版社, 1972:294.

[187] 郭萌，王怡. 扶贫瞄准的执行偏差与路径优化 [J]. 商洛学院学报，2019, 33(3):6-11,73.

[188] 王怡，郭萌. 贫困户脱贫可持续性的政策效应分析 [J]. 商洛学院学报，2020,34(3):56-63.

[189] 王怡，周晓唯. 精准脱贫与2020年我国全面建成小康社会——基于2010—2017年扶贫经验的理论和实证分析 [J]. 陕西师范大学学报：哲学社会科学版，2018,47(6):47-56.

[190] 白永秀，宁启. 巩固拓展脱贫攻坚成果同乡村振兴有效衔接的提出、研究进展及深化研究的重点 [J]. 西北大学学报：哲学社会科学版，2021, 51(5):5-14.

[191] 黄祖辉，钱泽森. 做好巩固拓展脱贫攻坚成果同乡村振兴有效衔接 [J/OL]. 南京农业大学学报：社会科学版：1-8[2021-08-21].https://doi.org/10.19714/j.cnki.1671-7465.20210622.002.

[192] 黄承伟. 从脱贫攻坚到乡村振兴的历史性转移——基于理论视野和大历史观的认识与思考 [J]. 华中农业大学学报：社会科学版，2021(4):5-10, 176-177.

[193] 曹兵妥，李仙娥. 村域脱贫攻坚与乡村振兴的衔接机制及路径 [J]. 西北农林科技大学学报：社会科学版，2021,21(4):9-16.

[194] 中共山西省委党校（山西行政学院）课题组. 中国共产党百年贫困治理的探索：意蕴、路径及对乡村振兴的贡献 [J]. 经济问题，2021(7):23-29.

[195] 卫志民，吴茜. 脱贫攻坚与乡村振兴的战略耦合：角色、逻辑与路径 [J]. 求索，2021(4):164-171.

[196] 章军杰. 从脱贫攻坚到乡村振兴：脱贫村空间再生产——以茶卡村为例 [J]. 西北农林科技大学学报：社会科学版，2021,21(4):1-8.

[197] 陆益龙. 精准衔接：乡村振兴的有效实现机制 [J/OL]. 江苏社会科学：1-11[2021-08-21].https://doi.org/10.13858/j.cnki.cn32-1312/c.20210727.005.

[198] Hirschman AO. The strategy of Economic Development[M]. New Haven: Yale university pross, 1958:52-59.

[199] William Petty. Treatise on Taxes and Contributions[M]. Foreign Language

Teaching and Research Press, 1769.

[200] Seebohm Rowntree. Poverty:A Study of Town Life[M].Macmillion and Co. Press, 1901.

[201] Pete Alcock. Understanding Poverty[M]. London: Macmillan,1993.

[202] Mollie Orshansky. Counting the Poor: Another Look at the Profile[J]. Social Security Bulletin, 1965, 28(1):10−22.

[203] Carey Oppenheim.Poverty: The Facts[M]. CPAG, 1993.

[204] Hirschman A O. The strategy of Economic Development[M]. New Haven: Yale university pross, 1958:52−59.

[205] Schultz J P, McCloy R A, Oppler. A theory of performance in personnel Selection in Organization[M]. San Francisco: Jossey-Bass, 1993:35−70.

[206] Amartya Sen. Poverty: An ordinal Approach to Measurement [J]. Econometric, 1976,44(2):29−31.

[207] Chenery H, et al. (Eds). Redistribution with Growth.Oxford:Oxford University Press. 1974:102−106.

[208] Adelman, Irma, Cynthia T. Morris. Economic Growth and Social Equity in Developing Countries. Stan-ford:Stanford University Press. 1973:46.

[209] Runciman W G. Relative deprivation and social justice[M]. London: Routldge & Paul, 1966.

[210] Townsend P. Poverty in the United Kingdom: A Survey of Household Resources and Standard of Living[M]. Berkley California: University of California Press, 1979.

[211] Sen A. Inequality Reexamined', Cambridge, Massachusetts: Harvard University Press, 1992:49.

[212] Myrdal G A. Critical Appraisal of the Concept and Theory of Underdevelopment[J]. In Essays on Econometrics and planning in Honor of P. C. Mahalao-bissiness, 1965(8):28−43.

[213] Abhijit V. Banerjee, Esher Duflo, Poor Economics: A Radical Rethinking of the Way to Fignt Global Poverty[M]. 北京：中信出版集团，2018.

[214] World Bank. World Development Report 1990[M]. New York :Oxford University Press, 1990.

[215] Sen. Amartya. Poverty: An ordinal Approach to Measurement[J]. Econometric. 1976,44(2):29−31.

[216] Papy Rakis E, Gerlagh R. The Resource Curse Hypothesis and Its Transmission hannels[J]. Journal of Comparative Economics, 2004,32(1):48−68.

[217] Jeffrey D Sachs, Andrew M Warner. Natural Resource Abundance and Economic Growth[J]. The American Economic Review, 1997,87(2):184−188.

[218] Sen A, "Poor, Relatively Speaking", Oxford Economics Papers, New Series, 1983,35(2):153−169.

[219] Jeffrey M Wooidridge. Introductory Econometrics A Modern Approach (Sixth Edition) [M]. 北京：清华大学出版社，2017:312-344.

[220] Sen A. Poverty: An ordinal approach to measurement[J]. Econometrica, 1976(5):219−315.

[221] Foster J, Greer J, Erik Thorbecke. A Class of Decomposable Poverty Measures[J]. Econometrica, 1984,52(3):761−766.

[222] Yuya Kajikawa.Research core and framework of sustainability science[J]. Sustain Sci, 2008(3):215−239.

[223] Oecd.Performance Management in Government[J]. Performance measurement and Results Management Public Management Occasional Paper, 1994,(3):23−30.

[224] Sen. Amartya.Poverty:An ordinal Approach to Measurement[J]. Econometric. 1976,44(2):29−31.